互联网+
酒店运营手册

互联网思维创新
酒店全新运营升级和管理运作

容莉 编著

化学工业出版社

·北京·

《互联网+酒店运营手册》是一本互联网思维下的全新运营升级、管理运作的运营管理读本，本书从互联网+酒店思维、互联网+酒店营销、互联网+酒店与OTA、互联网+酒店大数据、互联网+智慧酒店建设、互联网+酒店采购六个方面，对于互联网+酒店运营进行了详细的解读。

本书图文并茂，穿插大量的实战案例，内容涵盖了酒店运营的方方面面，实用性很强，可供酒店的管理者、从业人员，以及新入职的大中专学生，有志于从事酒店管理的人士学习参考。

图书在版编目（CIP）数据

互联网+酒店运营手册/容莉编著．—北京：化学工业出版社，2020.1（2022.10重印）
ISBN 978-7-122-35231-6

Ⅰ.①互⋯　Ⅱ.①容⋯　Ⅲ.①互联网络-应用-饭店-运营管理-手册　Ⅳ.①F719.2-39

中国版本图书馆CIP数据核字（2019）第206231号

责任编辑：陈　蕾　　　　　　　　　　　装帧设计：尹琳琳
责任校对：李雨晴

出版发行：化学工业出版社（北京市东城区青年湖南街13号　邮政编码100011）
印　　装：涿州市般润文化传播有限公司
787mm×1092mm　1/16　印张12¹/₂　字数268千字　2022年10月北京第1版第2次印刷

购书咨询：010-64518888　　　　　　　售后服务：010-64518899
网　　址：http://www.cip.com.cn
凡购买本书，如有缺损质量问题，本社销售中心负责调换。

定　价：58.00元　　　　　　　　　　　　　　　　　　　版权所有　违者必究

前言 PREFACE

"互联网+"是创新2.0下的互联网发展的新业态，是知识社会创新2.0推动下的互联网形态演进及其催生的经济社会发展新形态。"互联网+"就是"互联网+各个传统行业"，但这并不是简单的两者相加，而是利用信息通信技术以及互联网平台，让互联网与传统行业进行深度融合，创造新的发展生态。

互联网发展的延伸带来的消费形态、科技迭代、思维方式，又让更多新的元素不断融入酒店管理、服务和经营中，使得行业呈现出产品细分的极致化特征，无论是高星级酒店、经济型酒店，还是在线短租平台、客栈民宿，都在不断谋求融合、跨界、创新。

移动互联网及移动支付的发展，使酒店传统的营销模式变了，传统的宣传方式变了。比如，用户旅行出差，只要打开手机，就可以实现微信预订客房、在线支付等流程。在手机上用户不仅可以清晰地了解酒店房型、价格、配套设施等，还能直接在线预订房间和支付房费，尤其是成为酒店会员，还能享受会员优惠价格。对于酒店管理者来说，这种方式既能拿到订单，又能节省人员的开支。利用移动互联网平台，企业还可以开展各种市场促销与活动，如支持摇一摇的摇优惠、送红包、送优惠券，各种抽奖活动、快捷预订、订单实时到达的微信订房支撑等。

而这一切的发展，不仅改变了整个经济社会的发展形态，也为酒店行业带来了新的机会，酒店业成为一个越来越"轻盈"的行业。而它究竟是转机还是危机，这要看酒店业是否能够跟上互联网+的脚步。

为了提升酒店管理水平，全面提升酒店从业人员的素质，让更多的酒店管理者、服务人员花最少的钱学习到最实用的东西，我们编写了《互联网+酒店运营手册》一书。

《互联网+酒店运营手册》是一本在互联网思维下的升级管理运作的全新运营管理读本，本书分互联网+酒店思维、互联网+酒店营销、互联网+酒店与OTA、互联网+酒店大数据、互联网+智慧酒店建设、互联网+酒店采购六个部分对互联网+酒店运营进行了详细的解读。

本书图文并茂，穿插大量的实战案例，内容涵盖了酒店运营的方方面面，实用性很强，可供酒店的管理者、从业人员，以及新入职的大中专学生，有志于从事酒店管理的人士学习参考。

在本书的编写过程中，由于编者水平有限，加之时间仓促，错误疏漏之处在所难免，敬请读者批评指正。

在本书编写过程中还得到了深圳职业技术学院学术著作出版基金资助，在此深表感谢！

编者

目录 CONTENTS

第一章 互联网+酒店思维 ... 001

第一节 互联网思维对酒店的影响 ... 002
一、什么是酒店互联网思维 ... 002
二、传统酒店业的思维弊端 ... 003
三、互联网对酒店业的影响 ... 004
  相关链接 互联网对中国酒店业的深远影响 ... 008

第二节 互联网思维下酒店的转型 ... 009
一、需求变化迫使酒店转变思路 ... 009
二、科技变化帮助酒店走出困局 ... 010
三、格局变化助力酒店重构模式 ... 011
  相关链接 以"互联网+"拓展酒店转型空间 ... 012

第三节 互联网思维下酒店的发展 ... 014
一、互联网+带来的发展机遇 ... 014
二、互联网思维下酒店的经营模式 ... 015
三、互联网思维下酒店的经营策略 ... 018
  相关链接 2017年中国酒店业发展回顾 ... 020

第二章 互联网+酒店营销 ... 023

第一节 微信营销 ... 024
一、微信营销的概念 ... 024
二、微信营销的方式 ... 024
三、微信公众号 ... 025
四、微信营销对酒店的好处 ... 026
五、微信公众号的运营要求 ... 026
六、微信公众号的营销策略 ... 028

七、微信公众号的加粉技巧 ··· 030
　　八、微信图文推送 ··· 032
　　　　相关链接　微信推送图文消息不可忽视的细节 ············· 033
　　九、个人微信号的维护 ··· 035
　　　　相关链接　个人号如何与客人私聊 ··························· 038
　　十、微信小程序营销 ·· 038
　　　　相关链接　小程序与凤凰国际酒店的完美结合 ············· 040

第二节　微博营销 ··· **044**
　　一、微博营销的概念 ·· 044
　　二、微博营销的特点 ·· 044
　　三、微博营销的作用 ·· 045
　　四、微博营销的模式 ·· 045
　　五、微博营销的策略 ·· 047
　　六、微博营销的技巧 ·· 050
　　七、获得粉丝的技巧 ·· 052
　　八、微博植入广告式营销 ·· 055

第三节　APP营销 ··· **057**
　　一、APP营销的概念 ·· 057
　　二、APP营销的好处 ·· 059
　　三、APP营销的亮点 ·· 059
　　　　相关链接　酒店APP软件开发主要功能 ····················· 060
　　四、APP营销推广方式 ··· 061
　　五、APP营销技巧 ··· 062

第四节　网站直销 ··· **064**
　　一、建设网站的必要性 ··· 064
　　二、建设网站的好处 ·· 066
　　三、网站栏目设计 ··· 067
　　　　相关链接　××连锁酒店网站建设方案书 ·················· 067
　　四、网站建设的要点 ·· 073
　　五、酒店网站本地化技巧 ·· 074

第五节　团购营销 ··· **076**
　　一、网络团购的认知 ·· 076
　　二、酒店团购的特征 ·· 077

三、酒店团购的优劣势 078
四、酒店团购易出现的问题 079
五、酒店团购的发展策略 080
　　相关链接　后团购时代，酒店业如何做好团购营销 082

第三章　互联网+酒店与OTA 085

第一节　OTA模式对酒店的影响 086
一、什么是OTA 086
　　相关链接　OTA的发展起源 086
二、OTA对酒店业的贡献 086
三、OTA带给酒店的积极影响 088
四、OTA带给酒店的消极影响 089

第二节　酒店与OTA合作 090
一、与携程旅行网合作 091
　　相关链接　四大酒店集团和携程深化合作完善新型酒店生态圈 092
二、与艺龙旅行网合作 093
　　相关链接　艺龙"酒店库存开放平台"宣布升级上线 095
三、与同程旅游网合作 096
　　相关链接　同程探索"亲子IP+酒店"跨界新模式 097
四、与去哪儿网合作 099
　　相关链接　去哪儿网联手BFORCE云图全面打造VR酒店 100

第三节　OTA模式下的酒店营销 101
一、OTA模式下酒店的营销变化 101
二、OTA模式下酒店营销的问题 101
三、OTA模式下酒店的营销策略 103
　　相关链接　OTA模式下，酒店的应变之道 105
四、OTA模式下酒店的营销方式 106
　　相关链接　怎样写一篇优质的游记 106
　　相关链接　酒店如何做直播内容营销 107
五、提高酒店在OTA排名的技巧 111
六、酒店转化OTA客人的技巧 115
　　相关链接　酒店如何做好OTA运营 117

第四章　互联网+酒店大数据 …… 119

第一节　酒店大数据的认识 …… 120
一、大数据的内涵和特征 …… 120
二、酒店大数据的分类 …… 121
三、酒店大数据的作用 …… 122

第二节　酒店大数据的运用 …… 123
一、酒店大数据应用的爆发点 …… 123
二、酒店大数据应用的环节 …… 125
相关链接　大数据时代，做好营销需要准备什么？ …… 128
三、酒店大数据应用的步骤 …… 131
四、酒店大数据应用的措施 …… 132
相关链接　酒店如何利用大数据做好差异化服务 …… 134

第三节　酒店大数据应用案例 …… 135
一、利用大数据进行精准营销 …… 135
二、利用大数据确定房价 …… 136
三、利用大数据提升酒店综合收益 …… 136
四、利用社交平台，优化品牌声誉 …… 137
五、利用数据预测，推动内部运营 …… 137

第五章　互联网+智慧酒店建设 …… 139

第一节　智慧酒店的概述 …… 140
一、智慧酒店的内涵 …… 140
二、智慧酒店的表现形式 …… 141
三、智慧酒店的特点 …… 142
四、建设智慧酒店的意义 …… 143
五、建设智慧酒店的好处 …… 144

第二节　智慧酒店的发展 …… 145
一、智慧酒店的发展背景 …… 145
二、智慧酒店的发展瓶颈 …… 147
三、智慧酒店的发展趋势 …… 148

相关链接　未来智慧酒店的场景展现 149

第三节　智慧酒店实施 149

一、智慧酒店应实现的功能 149

相关链接　××酒店的客房控制系统功能介绍 151

二、智慧酒店的建设内容 152

三、智慧酒店的实现方法 156

四、智慧酒店的建设要求 158

相关链接　如何理性地建设智慧酒店 160

第四节　智慧酒店案例 161

一、中国第一家智慧酒店——杭州黄龙酒店 161

二、豪华智能酒店——厦门凯宾斯基酒店 162

三、奢华智慧酒店——武汉万达瑞华酒店 163

第六章　互联网+酒店采购 167

第一节　酒店采购步入电商时代 168

一、酒店采购认知 168

二、采购电商化认知 168

相关链接　实施电子商务采购的优势和必要性 170

三、酒店实施网络采购的优点 172

相关链接　苏宁易购携手铂涛集团，掘金酒店采购电商化 173

第二节　酒店网络采购模式 174

一、B2B采购 174

二、O2O采购模式 177

第三节　主要网络采购平台 179

一、阿里巴巴1688采购批发网 179

二、中国酒店用品网 186

三、慧聪网 187

四、365酒店用品网 187

五、众美联商城 188

六、美菜网 189

七、通赢天下 190

第一章　互联网+酒店思维

导语：

"互联网+"是一个趋势，是一种新的经济形态。对传统的各行各业来说，经营如逆水行舟，不进则退，要想打破传统行业发展的禁锢，必须植入新的互联网思维。传统的酒店行业也不例外。

第一节 互联网思维对酒店的影响

随着国家"互联网+"战略的推出,"互联网+"热浪也迅速波及酒店业。互联网对于酒店不仅是一个技术工具,更是一种思维方式,将深刻地影响酒店业的发展创新。

一、什么是酒店互联网思维

互联网思维,就是在(移动)互联网+、大数据、云计算等科技不断发展的背景下,对市场、用户、产品、企业价值链乃至对整个商业生态进行重新审视的思考方式。

图1-1、图1-2所示的互联网思维的四个核心观点和九大思维,是所有行业都要深思和深刻领悟的时代议题。利用这四个核心观点及九大思维,能帮助企业快速提升创新能力和核心竞争力。

图1-1 互联网思维的核心观点

图1-2 互联网思维的九大思维

互联网时代,尤其是移动互联网时代,沟通变得更容易,从而改变了很多的传统模式。酒店行业的互联网思维就是对传统运营的酒店进行价值重构(包括如何与顾客沟通、如何满足顾客的需求、如何设计产品等),运用现代互联网技术进行重新审视的创新思维模式。

互联网让世界变得好小的同时,也可以让酒店房间变得好大,传统酒店开始运用互联网及物联网技术建设智慧酒店,在互联网+的传送带上连起更多高架桥。

比如，一款在线的酒店管理系统，能帮酒店解决很多问题。作为酒店信息化管理平台，充分发挥了贯通线上、线下的桥梁作用，综合把控直销、分销渠道，真正做到了连接人和服务，使酒店更加契合新一代消费群体的消费习惯，突破了传统酒店在客户忠诚度方面的局限。

二、传统酒店业的思维弊端

"互联网+酒店"的运营方式，为住宿企业带来了转型升级新思路，成为住宿业发展新动力。互联网时代，传统酒店企业在营销策略、管理架构、运营模式上已日渐乏力，市场竞争激烈、招工难、用工难、管理难使酒店出效益更难。

1.传统酒店业的经营理念落后

回顾改革开放以来中国酒店业发展的历程，如果以每10年为一个阶段，大致可以分为以下三个阶段。

（1）第一个10年是中国饭店业历史上最辉煌的时代，那是在20世纪80年代。当时中国酒店业聚集了国内最优秀的一批人才，高端饭店所示范的生活方式、工作方式、管理方式都处在当时社会的前沿。

（2）到了20世纪90年代，互联网开始萌芽，但酒店业却开始褪去光环，酒店业内部人才流失现象不断加剧，优秀毕业生少有将酒店业视为首选就业方向的，酒店服务水平没有跟得上时代发展的潮流。

（3）步入新世纪，一方面经济型酒店迅速崛起，并对传统酒店业带来挑战，另一方面是近20年来，伴随着移动互联技术的快速发展和年轻一代消费者消费习惯的改变，传统的酒店业却因缺少实质性的创新而故步自封，渐渐脱离时代发展节奏而逐渐被边缘化。

2.酒店服务机械化、同质化现象严重

星级酒店在中国酒店发展史上对行业发展起到了重要的推动作用，但是放到当今体验经济时代，消费者的个性化需求极度膨胀，星级标准同质化的问题凸显。国内酒店在引进西方的标准化服务流程的同时，多数是只知其然却不知其所以然，没有深入学习其服务理念并结合中国国情进行创新，高星级酒店所标榜的高水平服务只是对国外标准化服务的机械性模仿，缺少本土化改造和个性化创新，也没在互联网时代进行相应的转型升级。

3.没有以"用户体验"为核心进行针对性改造

传统酒店业将商务旅客作为主要接待对象，星级酒店在功能上片面追求大而全，装修上盲目追求高端奢华，这些都没有考虑到当下85后成长起来并逐渐成为消费主力

军的年轻人的四个基本特点，如图1-3所示。

图1-3　酒店业85后消费者的基本特点

星级酒店硬件设施的"高端大气"对年轻人的吸引力远不如物美价廉且具有"草根情怀"的主题酒店吸引力大，这使得星级酒店前期投入大量资金建立起的高等级设施成为摆设。而经济型酒店的发展同样一波三折，其刚刚出现时大有星火燎原之势，但在2012年竟然出现了全行业的普遍亏损，主要原因在于多数经济型酒店没有对客源市场进行进一步细分，找到客源市场的"蓝海"。面对当下顾客多元化的需求，酒店布局缺少针对性的调整，提供的服务针对性不足而且种类单一。

> 比如，对当下年轻旅客非常看重的网络功能、晾衣空间、公共空间没有给予足够的重视，渐渐失去了顾客的青睐。

三、互联网对酒店业的影响

移动互联网时代早已把客源体系从线下转向线上，从PC端转向移动端，传统酒店业整体营销模式和营销体系发生了巨大的变化。具体来说，互联网思维给酒店业带来了图1-4所示的改变。

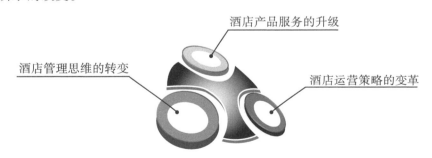

图1-4　互联网思维给酒店业带来的改变

1.酒店管理思维的转变

2015年9月，百度地图推出"百度地图订酒店，占个好位置"活动，瞄准客栈蓝海市场，深度布局酒店O2O。

目前，飞猪上大部分经济型酒店都支持信用住。只要芝麻分超过600分的用户就可以在飞猪旅行享受住酒店"先住后付",也即所谓的"信用住"。用户登录飞猪平台,选择带有"信用住"标签的酒店,"飞猪"后台系统会先测算出用户的信用评级,达到信用标准的用户可以使用这项服务进行酒店预订,无需任何担保和押金即可入住;当用户在离店时只需把房卡放到前台即可,真正做到离店免查房免排队,支付宝自动结算。如图1-5所示。

图1-5 飞猪"信用住"界面截图

2017年1月5日,腾讯公司旗下微信团队宣布联合艺龙、住哲、复创等行业合作伙伴推出"微信生态酒店"。通过"微信→支付→酒店",用户可以实现"在线预订→刷脸入住→自动吐卡→自助退房→电子发票"等全流程服务,从此酒店变自助。如图1-6所示。

图1-6 微信生态酒店页面截图

通过上述BAT的业务布局可以看出，互联网行业的大佬们已经在酒店这个领域打起了没有硝烟的战争。他们为什么要来抢占酒店市场？酒店业为什么如此受青睐？他们究竟在抢什么？互联网思维就是以用户为核心，他们抢的当然就是用户，将这种思维模式带入酒店行业，那么酒店管理思维模式转变，其重点就是以客人为中心，一切为了客人。

因此，互联网带来了酒店管理思维转变，即跳出酒店做酒店，一切为了客人。

2.酒店产品服务的升级

早期人们关于传统意义上的"智慧酒店"做了一个刚性需求分析，包括了图1-7所示的内容。

图1-7　传统意义上"智慧酒店"的刚性需求

而到了现在，人们对未来酒店的标配却有了不一样的要求，如图1-8所示。

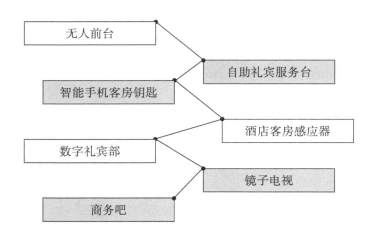

图1-8　未来酒店标配设备

上述图1-8、图1-9两图，同样是酒店硬件设施建设，通过对比，我们可以发现以下变化。

（1）酒店对管理信息化需求变大。比如无人前台、自助礼宾、数字礼宾，越来越倾向于数字化管理，未来的酒店管理必将是趋向于"无人管理"。

（2）酒店越来越注重客人的便捷性。比如说智能手机客房钥匙、镜子电视。方便快捷是互联网时代客人对酒店的基本要求，具体表现在：一网连接、一手控制、随心所欲。

> 比如，在布丁酒店，客人只需要通过一部智能手机，就可以实现在酒店活动的全过程。在客人入住的时候，通过与腾讯公司的合作，通过刷脸技术，按照设备的一步步提示指引，客人就可以完成相关手续。在大数据方面，布丁酒店则会进一步分析和了解客人在入店时候的习惯爱好，以做到个性化的贴身服务。在不久的将来，用户也可以设置自己喜欢的房间模式，包括调控和组合自己最习惯的窗帘、温度、灯光、电视的使用方式等，以便营造出家的感觉。

（3）酒店越来越关注客人的个性化需求。

> 比如，酒店业正在研发的各种不同类型的酒店客房感应器，体温感应器就可以感测客人身体的温度，然后调节酒店客房室内温度；情绪感应器就可以感测客人的情绪，然后根据客人的情绪来播放歌曲。专门针对商务客人的商务吧，会帮助客人准备好各类办公设备、充电器、耳机等，还有的酒店会有迷你吧，提供食物和饮料。

互联网和科技的发达，已经有足够的能力让我们去研究和分析不同的客人需求，我们必须要重新认识和理解我们所提供的服务和服务的产品。

由此可见，互联网带给了酒店产品服务的升级创新，企业应该避免同质化，个性才是王道。

3.酒店运营策略的变革

随着智能手机的普及，大多数人都离不开一个有网的智能手机。有人喜欢看各种新闻，有人喜欢看娱乐八卦，也有人喜欢看电影听歌……在网络的虚拟世界里，你是一个人，但你在跟一群人玩。

现在有很多人住酒店，习惯于发朋友圈，内容有可能是酒店的客房、餐饮，甚至是一盏灯。在一次一次的分享传播中，酒店的客人在为酒店不停地背书和二次传播，当然如果这个传播是正面的，最终会形成酒店品牌的口碑。

对于酒店来说，如何实现酒店品牌的口碑传播价值最大化？一个重点就是学会使用爆点思维，用一个点引爆社会化传播。这个点，就是价值观营销。从苹果的"Think Different"，到小米手机"为发烧而生"，就是一个很好的印证过程。

由此可以看出，互联网带来了酒店运营策略的变革，要善用社会化传播，有口碑才有未来。

互联网对中国酒店业的深远影响

业内人士分析认为,中国酒店业这10年的飞速发展有两个关键的影响因素:一是赶上了中国经济高速发展的10年,这为中国酒店业提供了发展动力;二是中国网民的飞速发展,从PC网民到手机网民,他们都影响了中国酒店业的发展。

1. 中国"网民"的成长影响了中国酒店核心消费人群的变化

以锦江为例,2008年之前,中国高端酒店的主要消费群体平均年龄是45岁,而随着互联网人群的壮大,锦江1亿多会员平均年龄拉低,最高的峰值在27岁,这之间的18岁年龄差就来源于移动互联网的新生代人群。酒店业核心消费人群的变化,必然改变着中国酒店从经营到管理的全面转型。

首先,年轻化的网民群体,直接推动了以年轻群体为主要消费客户群的中低端酒店的发展。10年间,以锦江、格林豪泰、如家、海航等为代表的中国酒店集团趁势发展壮大,跻身世界酒店集团排名15强。

其次,年轻化的群体改变中国酒店品牌名称的风格变化——娱乐化。以前的酒店集团名字都是非常严肃的,但是现在就有很多像桔子酒店、布丁酒店、糖果酒店这样个性化鲜明的品牌名称,这也是互联网娱乐化的影响。

再者,互联网人群的变化改变了酒店行业酒店品类的变化,行业开始从原来占比较大的商务型酒店、高星级酒店转向中档酒店、主题酒店发展,亚朵、桔子这类个性鲜明的酒店随之诞生。比如,亚朵把各种各样的文化和场景引入了酒店大堂,桔子酒店的电视机是安装在天花板上的,这些都是新变化,隐庐和隐居这样主推生活方式的酒店也非常火。在这样的冲击之下,中国酒店品牌正在走向系列化、生态化。

2. 互联网技术的发展也影响了酒店的产品服务结构和经营方式

最明显的改变就是智慧酒店的诞生和应用。智慧酒店贯穿于客房预订、住前、住中、住后整个消费的过程,自主check-in等已经在各大酒店集团广泛使用。智慧酒店在最初期叫人工自动化,就是本来是用人工来做的事情可以用手机来控制,第二个阶段就是自动化传感器阶段,很多信息都可以由传感器集中到CPU中并实现自动切换;第三个阶段就是人工智能,2025年的时候人工智能和机器人将全面进入到酒店里面,并将改变酒店的产品和服务方式。

随着移动互联网的发展,**SOLOMO**将成为这个时代很重要的个人特征;**LBS**将会变成一种蒸蒸日上的服务形态创新;**BYOD**将成为最典型办公场景,成为一种崭新的工作方式。加之移动终端的蓬勃发展,未来酒店APP的功能和使用将会更加普及和广泛,酒店在未来将进入到数字化阶段。在这样的背景下,未来5年,酒店的商业模式、服务流程将会重新被打乱重构,各种各样的新的用户体验会产生,酒店的产品和服务会重新调整,整个行业的商业模式也会被改变。预计到2020年,80%以上的酒店集团都会把数字化转型当作公司的核心战略。如果集团性的公司不做数字化转型的话,肯定要被淘汰。

第二节 互联网思维下酒店的转型

互联网经济时代的到来,势必将促进传统酒店行业的再次变革,能否抓住互联网经济时代带来的机遇,顺利实现与这一新兴产业的融合,将对于酒店行业的发展至关重要。

一、需求变化迫使酒店转变思路

与微软、IBM、诺基亚当道的工具化阶段不同,最近几年的互联网已经围绕搜索、电商、社交进入互联网平台化发展阶段,移动设备逐渐普及,BAT等巨头独步天下。而随着互联网技术的发展,纯互联网企业正在慢慢消失,互联网将内化为生活的一部分,进入万物互联阶段。

酒店是人们除了家、办公室、休闲场所以外的第四空间,其互动和社交属性将日渐突显。始终以需求为导向的酒店服务行业,已经从招待所模式的1.0时代、星级酒店模式的2.0时代,进入到生态圈模式下的3.0时代,为此,酒店业必须转变思路,迎接挑战。

新的时代诉求与消费需求,决定了酒店管理者需要进行六大思路上的转变,谁能更快更好地融入新角色,谁就能抢占先机,掌控制高点和主动权。具体如图1-9所示。

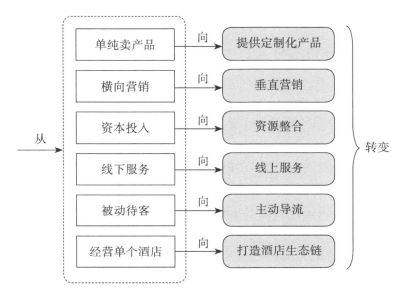

图1-9　酒店管理者需转变的思路

二、科技变化帮助酒店走出困局

都说酒店业已经步入寒冬,但事实上,并不是市场刚需走弱了,而是消费需求更精细化、更个性化了,这就要求酒店不仅要从硬件设施上进行需求匹配,更需要从服务模式、软件接入、思维武装等方面给予更多人文关怀。

在专业人士看来,酒店业的"互联网+",不应该只是官网、微信、APP,也不应该只是简单的Wi-Fi接入和智能客控,而是应利用数字化、信息化技术,实现硬件与服务、人与营销、管理与服务、人与服务的有效链接,才能建立起酒店与客人的互联、互通、互动,让酒店服务更有温度、更有生命。

那么,传统酒店业如何在现有基础上,以更低的成本、更高的效率融入互联网呢?业内人士提出了一个思路清晰、切实可行的"四步走"方法论,有助于酒店管理者拨开迷雾,迎接"互联网+"下的智慧酒店新机遇。走出酒店困局的方法具体如图1-10所示。

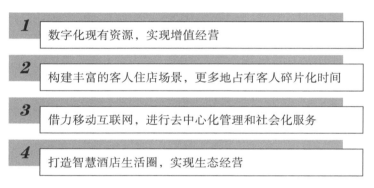

图1-10 走出酒店困局的方法

1.数字化现有资源,实现增值经营

一方面,把更多的酒店设施、客房设备数字化,比如对客房电视进行数字化系统升级,将传统电视改造成集多语种智能服务、客房服务、营销推广、信息发布、视频点播等为一体的人机交互平台,这种改造的成本极低,却能为酒店带来数倍的投资回报。

另一方面,拓展Wi-Fi、微信、官网等功能,增加互动模块,比如客人在连接酒店无线网络的时候,自动领取酒店优惠券,增加与客黏性。

2.构建丰富的客人住店场景,更多地占有客人碎片化时间

一方面,利用微信、APP的移动属性,将洗衣、订餐等服务转移到移动端,优化传统客房服务流程,提高服务效率。

另一方面,引入智能设备,对传统设施稍加改造,实现自助入住、微信开门、智能客控等,增强客人体验感。

3. 借力移动互联网，进行去中心化管理和社会化服务

一方面，以智能手机为载体，将酒店日常房务管理移动化、流程简单化、架构扁平化，建立起"线上响应，快速服务"的新型服务模式，实现管理与服务的链接。

另一方面，利用大数据和云计算，做好客人个性化体验，实现人与服务的链接。

4. 打造智慧酒店生活圈，实现生态经营

酒店产业链，正在从供应商到酒店再到客人的关系（B2B2C）转变成酒店与合作商共同服务客人的关系（C2B&B）。正如智慧酒店平台运营商盛阳科技集团与已合作的500余家星级酒店的关系一样，前者并不是后者的供应商，而是整合第三方资源的合伙人，围绕营销、管理、服务三个中心，和酒店一起打造移动互联生活圈，共同服务于酒店客人。

三、格局变化助力酒店重构模式

传统酒店业格局在新技术形态以及竞争格局变化影响下，开始以重新排列组合的方式来寻求最为适宜的生长环境。"互联网+"国家战略的提出，加快了住宿业转型升级进程。在移动互联和信息化新技术的作用下，住宿业正在从营销、品牌传播、支付、消费者体验等各个环节重新定义行业的运营和发展模式，云PMS、APP、微信、支付宝等技术变革改变着酒店业的服务模式。图1-11所示的各种模式将打破传统经营管理模式，酒店业成为集住宿、餐饮、社交、娱乐、体验、休闲、创业孵化等功能于一体的平台。

图1-11 新型酒店经营模式

一些酒店已在这些方面进行了大力度的变革。

> 比如，万豪美食创业孵化器"美食美饮概念实验室"，提供场地、资源及近5万美元天使资金支持。四季酒店推出定制体验，可更换上层床垫的定制睡床，可购买全套的床垫、枕头和床上用品。W酒店为音乐人打造专属音效套房。希尔顿推出VR（虚拟现实）技术客房全景体验视频。雅高推行减少食物浪费计划，更多地使用当地原材料，将食物浪费减少30%。

现如今,酒店已不再是传统酒店,跨界合作、融合创新已成为当前住宿企业进行结构调整和升级的重要途径。

以"互联网+"拓展酒店转型空间

"互联网+"是一个被广泛热议的词汇,从概念的探讨和诠释,到实际业务的发挥和应用,全国各行各业都在对"如何+""+什么"进行着多方面的探索。那么,"互联网+"对酒店行业到底意味着什么,会给这一传统行业带来哪些新的变化?在大家尚心存困惑、雾里看花之时,已有一些锐意创新的酒店经营者迈开了大胆尝试的步伐。

1.服务智能化

"互联网+带给酒店的一个重要变化就是服务更加智能化。如今我们把酒店的一些服务前置到了网站上,使客人可以通过酒店的官网在线选房、支付和咨询。这样一来,客人在前台等待服务的时间缩短了,客人预订了酒店却没有来住的情况也减少了。"银座佳驿连锁酒店负责人表示,目前,银座佳驿正对酒店400呼叫中心人员进行培训,让他们成为酒店官网的客服,帮助客人完成在线操作。

"为了让客人在酒店咖啡厅、商店等实体店内购买商品时实现在线支付,增加消费的便捷性,我们已与'支付宝'合作,将山东大厦支付宝账号功能升级,并在酒店前台和咖啡厅设置两把支付宝'付款扫码枪',方便客人在线支付。"山东大厦营销部的工作人员说。

另外,"我们发现,客户在酒店举办会议时,有一些前期准备工作较为烦琐,耗费了客人大量的人力、物力。"于是,山东大厦借助互联网技术,建立了可以用微信登录的"微网站"。通过该网站,来山东大厦参加会议的客人,可以提前了解相关的活动信息和流程,并能通过网站上提供的电子地图准确地找到酒店的位置。另外,通过这个微网站,客人还可以实现会议线上报名和电子签到等。

2.运营数据化

互联网+带给酒店的第二个重要变化是运营数据化,即酒店通过"大数据",可抓取到客人的预订周期、习惯。这样酒店可以更精确地了解供求关系,做好收益管理,同时还能发掘客人入住之外的需求,并尽可能通过增值服务加以满足。银座佳驿连锁酒店与慧评网合作,通过技术链接,酒店可以掌握和梳理国内外互动点评平台上,客人对佳驿旗下所有酒店的评价。酒店可以根据这些评价,从服务、卫生、床的舒适度等方面提升服务质量。

聊城阿尔卡迪亚大酒店负责人表示,目前酒店对于大数据的运用,更多在于营销,对产品的研发方面做得还不够。聊城阿尔卡迪亚大酒店也在思考,如何通过数据积累与分析了解休闲度假的客人和商务客人分别会选择什么价位的酒店、选择什么样的房型等,以此来研发更有针对性的产品。

另外,随着"互联网+"的发展,许多酒店已经开始尝试跨界营销。比如,整合家居与生活必需品的产品资源,在酒店进行销售。以后,如果客人看到酒店的装修不错想把家里也装修一番,拿出手机一扫相关的二维码,装修公司的销售人员就能马上与客人取得联系;如果客人看上了酒店的电视,在线支付完毕后,同款的电视会直接被送到家中。

据悉,尚客优通过依托线下资源,以大数据为依据,以移动端为载体,推出了"优划算"平台计划。该计划联合宝乐迪KTV等,餐饮、休闲、娱乐类商户,布局生活服务类O2O业务。尚客优相关人士表示,传统企业应利用互联网时代带来的机遇,实现线上线下大融合,把线下的生意拿到线上去做,把用户数据化、互联网化,把品牌资源转换成用户资源,把供应链资源转化为服务优势。

3. 管理云端化

银座佳驿连锁酒店负责人介绍:"酒店管理的云端化,即通过信息直联、渠道直联、会员系统直联等,让酒店管理更高效和人性化。目前,酒店已与部分OTA通过系统直联,把房态与实时订房情况及时展现出来,并自主管控。随着当天预订当天就要入住的客人越来越多,我们已与美团网、去哪儿网、阿里旅行等打通了客户数据,客人可以用优惠的价格,实时预订到我们酒店的客房。此外,我们还与滴滴打车、快的合作,为酒店客人提供一站式叫车服务。"

"客人只要下载了银座佳驿酒店的APP,到店前一天,酒店的管理系统便会推送包括天气预报在内的温馨提示给客人。客人离店时,只要选择下一站的地标,酒店管理系统便会推送银座佳驿酒店在该地的相关门店信息。"银座佳驿连锁酒店负责人表示,酒店运用"云"在住前、住中、住后与客人互动,对提高客人对酒店的好感度和黏性很关键。

不只是酒店,现在不少科技公司也已在酒店管理系统的云端化方面发力。众荟信息技术有限公司负责人表示:"众荟将通过实现酒店管理系统的云端化,整合住宿全行业的数据链。通过深挖大数据的价值,围绕收益、会员、运营、舆评等为酒店提供数据增值服务。我们计划通过建立酒店行业跨渠道统一接入标准,打造酒店数据直联通道。一方面系统可以根据酒店的房态、实时房价对客人的电子订单进行处理,酒店不需要再安排专人;另一方面,客人在线预订完酒店房间后,不需要再花费时间等待酒店方的确认。这样一来,酒店的运营成本降低了,用户体验也提升了。"

4. 营销社群化

业内人士认为,互联网+也是酒店营销3.0时代,酒店要从对传统会员的关注转变为对酒店社群粉丝的关注。银座佳驿连锁酒店负责人表示:"移动互联网时代,人们的连接关系发生转变,对营销提出了新的诉求。因此银座佳驿将通过手机网站、APP、微信等渠道发展和扩大酒店的社群粉丝圈。以前发展会员是通过消费和积分，现在我们则通过在线上策划各种趣味性强、参与度高、优惠产品多的活动与粉丝们进行互动。另外，我们更看重微博微信上有影响力的人物，可能他们住店的次数不多，但是他们的影响力不容小觑，有时候他们在线上的推荐，传播效果胜过广告宣传。"

聊城阿尔卡迪亚大酒店负责人也十分看好酒店的粉丝经济，"过去酒店主要是协议客户、团队、第三方客户与长包房等，但随着移动互联网时代的到来，酒店可以通过扩大粉丝群体来进行营销，这样效果会更好。"

第三节　互联网思维下酒店的发展

互联网与酒店业的完美结合，极大地发挥了互联网作为新兴技术所带来的便捷与方便。要想使酒店业在新时代不被淘汰出局，就必须顺应时代发展浪潮，将互联网技术与酒店行业有机结合，从根本上调整并改变传统的经营策略。

一、互联网+带来的发展机遇

业内人士表示，未来的酒店业将以"互联网+"的理念实现酒店行业突破传统走向终端智能化，升级酒店入住体验将是整个酒店行业在"互联网+"时代下的再次变革，也是未来获得新竞争优势的动力。

1.酒店业的发展趋势

在"互联网+"时代，酒店业发展面临新机遇，蕴藏着亿万元市场。目前来看，国内酒店业存在图1-12所示的四大发展趋势。

与此同时，在"互联网+"大背景下，呈现出酒店用品家庭化趋势，这将对酒店用品行业带来新的发展机遇。特别是随着酒店企业不断增加，对酒店用品需求也不断增加，很多酒店企业已经开始走上互联网之路。

据调查显示，已经超过九成的酒

图1-12　国内酒店业的发展趋势

店用品企业入住B2B商城，比如说阿里巴巴、慧聪等，入驻加盟酒店用品商城或者自建电商平台。有六成酒店用品企业在线交易都能达到一定的营业额，酒店用品有非常大的市场空间。

2.酒店业的应对措施

新常态下的国内酒店业将更加多样化地发展，在这种发展趋势下，酒店企业该如何做呢？新常态下酒店的应对措施具体如图1-13所示。

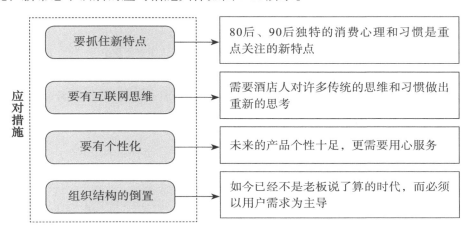

图1-13　新常态下酒店的应对措施

对此，酒店应借助"互联网+"的发展，对症下药。首先，互联网思维要明确，千万不要人云亦云，要走自己的特色之路。手段要多样化，微信、微博和博客等B2B、B2C网站要充分利用起来。其次，要有多元化的互联网渠道，客户体验很重要，线上线下要相结合，注重客户反馈。

二、互联网思维下酒店的经营模式

在传统酒店亟需转型之际，新兴酒店已经迅速崛起，不把握时机快速反应，思维陈旧、反应迟钝的酒店只能被市场淘汰。因此，酒店要如何打造才能在市场中取得成功，其背后要进行怎样的思考，如何策划一套行之有效的酒店细分市场掘金模式至关重要。具体如图1-14所示。

图1-14　互联网思维下酒店的经营模式

1. 清晰的品牌顶层设计

产品同质化是传统酒店的致命缺陷。如何选对细分市场和差异化产品是酒店经营者必须面对的问题。只有通过对市场及消费人群的深刻理解及进行深入的调研分析，从而找到最契合的切入点，才是传统酒店转型的关键。

> 比如，老年游客市场有山屿海为代表的候鸟式旅居度假，you+为代表的"青年公寓+创客空间"，希岸为代表的女性旅居度假跨界酒店。

除了清晰的品牌定位外，酒店行业对于作为一种无形服务和有形产品的行业品牌建设尤其重要。只有建立酒店品牌的细分差异化、顾客忠诚度、产品极致化、服务人性化，才能获得稳定客源，在市场上站稳脚跟。同时，取好一个品牌名也能让品牌打造事半功倍。

2. 具备互联网思维的人才

未来，酒店行业或将吸纳一批大胆、敢玩、具有互联网特质的年轻人参与到酒店项目的设计及落实中，以期为酒店行业带来新面貌。

在酒店经营过程中，基础硬件很关键，比如一个客流聚集的好选址是长期投资，影响运营效益，企业可以终身受益。但更为重要的还是酒店的软性服务，这些服务如何切中年轻人的脉搏，提供打动他们的产品。

> 比如，希岸酒店的创始人陆斯云就是铂涛集团大胆启用的新锐人群，她虽然没有酒店行业经验，不懂酒店，但懂品牌和时尚，懂消费者，从而创办了定位做全球第一个宠爱女性的酒店——希岸。希岸提出改善女性旅居生活，用甜点点亮一天，SPA抚平疲惫，私密空间包容任性，高品质睡眠唤醒心情，最终女性入住率高出一般酒店30%。

3. 营造用户体验场景

对酒店来说，打造爆款的互联网+酒店特色产品，做好酒店的外观设计和内部设计都很重要。

> 比如，走进如家精选酒店，驼色与白色背景搭配体现明亮软装的英伦时尚，休息区有桂花树飘香，周末在公共区域播放老电影带给顾客"小确幸"。首创电量统计碳积分鼓励节能环保，低耗能者实行积分奖励，引导顾客参与，让住酒店更好玩。华住则推出星程，注重房间个性；铂涛推出喆啡，将咖啡与酒店结合，满足个性化场景体验。

通过设计打造场景感已成火爆酒店的标配，内外一体化场景体验才能留住消费者。

4. 打造品牌、引爆传播

帐篷客、零碳星球、裸心谷都是营销成功的特色酒店市场的典范，但还必须拥有自传播力，从酒店外观设计，到营销卖点的打造，到体验式的互动装修，再到节假日营销的策划，让顾客觉得"有意思、好玩、有趣"，顾客愿意自发拍照、自动为你做传播。

比如，驴妈妈推出帐篷客进军野奢酒店新领域，独特的外观自备话题性，并且引领了景区内酒店的新风潮，掀起预订热潮一晚难求。引起情侣体验热、妈妈带宝宝体验等，自传播能力和精心策划的传播活动让帐篷客飞速发展。

又如，亚朵酒店另辟蹊径也成营销典范，亚朵在淘宝众筹平台发起回报众筹，项目获得5387人支持，并筹得资金超过660万元，超出预期金额330%。亚朵众筹的目的不只是融资，每次通过众筹会员高速增长达10万人以上。

亚朵通过众筹连接用户，参与众筹的会员黏性强，平均住宿次数超过了10次。用户被亚朵所倡导的"第四空间，成就一种生活方式"的理念影响，成为"粉丝"，重度参与亚朵产业链打造。如图1-15所示。

图1-15 亚朵酒店众筹页面截图

5. 回归产品与服务本质

互联网时代下，酒店、餐饮、娱乐等行业，都在涌现互联网企业，他们的典型特质是个性化、体验好、有互动、够劲爆。然而，无数噱头也可能像雕爷牛腩、北大米线一样，在火热后遭遇业绩遇冷。相比于花哨的包装，优质的产品和服务最能俘获客户，实现口碑传播，维持高预订率和持续火爆。做优质的产品和从消费者角度考虑的服务，才是特色酒店的长盛之道。

> 比如,四季酒店因为产品和服务大热,在酒店市场表现亮眼。不同区域四季酒店的设计都反映当地风情而非无趣的标准设计,如杭州西湖的江南庭院、上海浦东的现代感、北京重视艺术品,场景的差异化提供优质体验。同时,员工能入住体验酒店服务,不仅充分激发员工热情,而且员工反馈用户需求,管理层不断改进和创新服务,让用户感知到最佳的服务效果和产品。

互联网+在各行各业风起云涌,市场的火爆程度让人咂舌,同时,也提供了巨大的发展契机。互联网+酒店的打造离不开清晰的顶层设计,需要有互联网精神的人支持项目落地,通过服务营造消费场景,强化传播引爆品牌,最终回归产品与服务本质。

三、互联网思维下酒店的经营策略

互联网在新时代深刻地影响了人们的生活,同时也影响了酒店运营的模式,为了顺应市场的发展趋势,酒店在经营过程中需要加入"互联网+"新的思维,充分考虑互联网的优势以及能够为酒店的经营带来哪些方便,利用互联网来提高酒店的经营效率。具体策略如图1-16所示。

图1-16 互联网思维下酒店的经营策略

1.打造酒店极致服务,提升客户体验

一直以来,酒店业都是以满足消费者的需求导向为发展方向,通过提供最优的服务让消费者体验到宾至如归的感觉。而这一核心也符合互联网思维当中"以用户为中

心"的思想。所以，酒店经营者应该通过互联网思维颠覆创新，将用户至上、体验为王、免费的商业模式发挥到极致。

> 比如，可在客户的关系管理中融入互联网思维，为消费者提供极致体验。

运营指南

> 在这个时代，只有快速意识到用户体验的重要性，不断提升用户体验，才能摆脱酒店业同质化严重的问题。

2.将线下客人转化为酒店线上粉丝

众所周知，粉丝的力量是巨大的，他们是一群特殊的消费群体，会为酒店带来巨大的经济效益，产生粉丝效应。在移动互联网时代，酒店业的发展必须通过与移动互联网无缝衔接，才能将酒店日常的消费者变成粉丝，实现线上线下的相互转化。

3.培养用户黏性，增加酒店实际收益

通常在互联网行业发展之初，几乎所有行业都会采取各种措施吸引用户，并在用户的基础上制定长远的发展规划，从而获得相应的经济效益。所以根据互联网思维，只要提升流量，就可以将线上流量变现，实现盈利。正如酒店方可以通过与家居行业进行合作，在酒店内部打造家居用品的体验馆，来实现合作，扩大盈利渠道，进而拓展市场规模。

同时，酒店可采用免费模式来吸引用户体验，将酒店变身为流量入口，从而实现与其他更多的行业合作，为他们提供产品销售平台，而随着销售的产品种类日益丰富，酒店的增值服务费也会增加。

4.引入免费模式，打造高档次的互联网酒店

由于酒店的消费者流量大，且客房布局具备场景化等特点，所以互联网与各行各业的融合已成为发展趋势。如今我国已经有越来越多的酒店开始试水O2O，致力于将酒店打造成家居用品的体验馆，其展示的商品种类也日益丰富，并且酒店又引入免费入住模式，以吸引更多的消费者。

5.深度挖掘并解决消费者需求

马斯洛模型将大众需求分为生理需求、安全需求、社交需求、尊重需求、自我实现需求，那么酒店在日常运营就要在这些方面去挖掘用户痛点。日常酒店运营过程当中不仅要能够解决消费者基本的生理需求，还要解决消费者更高层次的需求，如安全需求、社交需求、尊重需求、自我实现需求等。而这些需求的挖掘都离不开酒店在经

营过程中互联网思维的运用。

6.选择正确的酒店管理系统

作为传统行业的酒店,在互联网时代下,仅仅依靠自己的努力,是永远都无法适应市场的变化的,只有与其他企业联手合作,才能更好地进行变革转型。为此选择一种适合酒店发展的管理体系,便成了酒店通往成功与互联网融合的捷径。所以选择一个优质的PMS系统,对于酒店来说是其与互联网融合的最佳切入口。

毕竟一个优质的酒店管理系统,在为酒店免费提供PMS服务时,还能够帮助酒店利用互联网思维管理客户关系,小到如何吸引某一个客户,将客户变成粉丝,大到如何利用社交媒体进行营销,逐渐使酒店成为互联网浪潮中的先行者。

2017年中国酒店业发展回顾

1. 跨界合作、构建新的消费场景,满足消费者多元住宿需求

随着住宿业产品的细分及对本地生活消费市场的辐射效应,围绕消费场景来有效满足消费者多元化的住宿需求,是未来的一大发展趋势。OTA凭借本土消费积累,依然是消费场景构建的主力军。但同时,酒店更倾向于体现互联网优势的多渠道、少环节"平台型"互赢模式,这一消费场景的构建将有更多的发展形态和机会。

2. 产品细分极致化,新旧品牌加速淘汰迭代

城市结构在变化,消费范围圈在改变。互联网的发展带来了酒店信息透明化,进而导致消费者的消费倾向更加准确,在同一范围内自发选择更适合自己的酒店,"就近"成为比酒店品牌更具吸引力的因素之一。随着潜在供应的增加以及消费需求的转变,很多酒店项目面临转型的问题,尤其是新商圈的形成,致使酒店传统收益面临下滑的风险。这同时也意味着,高星酒店市场将面对原有高星酒店项目的淘汰,以及新的优质酒店项目的迭代。

3. 客户精准定位成为酒店业的重大课题

持续了三十多年的较为简单和单一的市场需求已呈现出碎片化趋势,市场细分态势越来越明显。每一个想获得成功的品牌和酒店都需要具有清晰的市场定位,有明确的目标群体。任何成功的品牌和产品都不可能被所有消费者青睐,但却需要一批忠实的追随者。2017年"大数据"在酒店业中被频繁讨论,显示了行业对客户精准定位的期待和研究。

4. 围绕客户,"服务"被重新理解和定义

消费升级和年轻消费群体的崛起,使得业内引以为豪的"标准程序"开始被质疑。客户消费状态已从被动接受转向主动诉求,有温度、能暖心,带有个性化和差异化特性的服务产品,成为"以客户为中心"的消费时代下酒店业产品的发力点。

而今，各大酒店纷纷着眼于研究主流消费群体在新时代下对服务的偏好，努力研发出更多的"用心"服务产品。

5. 产业与互联网的融合进一步深化，珍视"会员力"

2017年，酒店业与互联网的融合除了继续深化消费升级的探索，也出现了很多伴随科技发展的服务微创新项目，例如VR技术、人脸识别技术、自助入住系统等。与此同时，各大酒店集团和单体酒店都越来越重视会员的力量，通过对会员体系的梳理重构，尝试完成产业、互联网、金融资本联动，挖掘"会员力"的更大潜力和作用。

第二章 互联网+酒店营销

导语：

互联网的普及为酒店业的运营管理提供了更多的渠道和方法，基于互联网平台的电子商务的兴起，更让行业竞争从线下扩展到线上，互联网营销成了越来越重要的营销渠道，在酒店整个营销计划中占据重要一环。

第一节　微信营销

微信,显然已经是当下最火热的社交媒体之一了,更是各业界重要的营销渠道之一。对于旅游业三大支柱产业之一的酒店业来说,也不失时机地将微信营销作为了酒店营销的有力工具和广阔平台。

一、微信营销的概念

微信是一个基于用户关系的信息分享、传播及获取平台的社交媒体软件,具有图2-1所示的特点,不仅是一种便捷的沟通交流工具,而且作为新型的信息传播渠道,可广泛应用于酒店产品和服务的宣传推广,提升酒店的基础服务系统。

图2-1　微信的特点

微信营销是伴随着微信的火热而兴起的一种网络营销方式。用户注册微信后,可与周围同样注册的"朋友"形成一种联系,订阅自己所需的信息;商家通过微信公众平台,结合转介率、微信会员管理系统展示商家微官网、微会员、微推送、微支付、微活动来吸引用户,推介产品。

二、微信营销的方式

微信一对一的互动交流方式具有良好的互动性,精准推送信息的同时更能形成一种朋友关系。基于微信的种种优势,借助微信平台开展客户服务营销也成为继微博之后的又一新兴营销渠道。微信营销的方式有表2-1所示的几种。

表2-1　微信营销方式

序号	方式	说明	备注
1	漂流瓶	把消息放进瓶子,用户捞起来得到信息并传播出去	随机方式推送信息
2	位置签名	在签名档上放广告信息,用户查找附近或者摇一摇的时候会看到	路牌广告,强制收看

续表

序号	方式	说明	备注
3	二维码	用户扫描二维码，添加好友，进行"互动"	表面是用户添加，实际是得到用户关系
4	开放平台	把网站内容分享到微信或者微信内容分享到网站	与各种分享一样
5	语音信息	通过语音推送和收集信息，类似微信热线	
6	公众平台	微博认证账号，品牌主页	专属的推广渠道

三、微信公众号

1.微信公众号的分类

微信公众号分为公众平台服务号和公众平台订阅号。公众平台服务号旨在为用户提供服务；公众平台订阅号，旨在为用户提供信息。订阅号与服务号各有优劣，具体如表2-2所示。

表2-2 订阅号与服务号的优劣

序号	账号类型	优势	劣势
1	订阅号	（1）可以每天推送消息 （2）保持较高的曝光率 （3）用户无需到店也能及时获得优惠	（1）消息被并入二级菜单，打开率低 （2）需要专人长期进行维护 （3）顾客需要回复关键词才能进行互动
2	服务号	（1）顾客能直接收到消息提醒 （2）顾客可以通过底部自定义菜单直接找到优惠信息 （3）方便顾客使用 （4）使用服务号的都是大企业，有利于树立品牌形象	每月只能发送1条信息

2.微信公众号的功能

微信公众号是一个做CRM的绝佳平台，这个平台植壤于微信平台中，其流程简单、易操作，可相应降低对酒店及宾客的普及、推广难度，而且在沟通、互动、服务、搜集用户信息和客户关系管理方面有不可比拟的优势。

针对前期搜集的客户数据，对客户信息的分析掌握，以及长期与客户建立起来的良好关系，就可以让酒店为今后5～10年准备客户，只有"回头客"占据销售"大头"，酒店才可以有真正稳定的利润来源。

四、微信营销对酒店的好处

微信的出现为酒店业的发展提供了新的契机。如今,微信在酒店业的发展中,不仅在微信预订、微信入住、微信客服、微信退房、微信点评等酒店服务的各个环节得到广泛使用,更在酒店的营销模式上得到尝试和创新,迅速成为为企业捞金的重要途径。

微信互动作为当下一种主流的营销方式,它具有图2-2所示的优势。

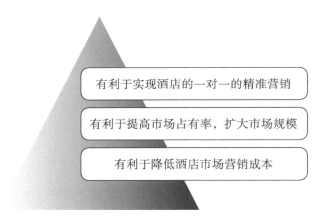

图2-2 微信营销对酒店的好处

1.有利于实现酒店的一对一的精准营销

微信用户在有相关需求时可通过移动设备关注酒店公众号,并且可在酒店的公众平台上了解酒店的发展、文化、环境、房价、活动等信息,同时可以与酒店营销人员一对一互动。这样不仅能够提高酒店服务的及时性、高效性,而且可以真实地了解用户的意见和需求,有针对性地为客户提供个性化服务,创建用户黏性和信赖度。

2.有利于提高市场占有率,扩大市场规模

通过"摇一摇""扫一扫""附近的人""二维码扫描"等功能,酒店微信营销可以打破时空广而告之,使粉丝呈几何倍数增长,扩大酒店的市场规模。

3.有利于降低酒店市场营销成本

微信可以在无线网络覆盖下,通过酒店公众号向用户发送语音、图片、视频等信息,比传统的电话、电视等方式更加便捷高效,并且营销人员可以足不出户,一对多地进行多项工作,为酒店节省交通费用和人工成本。

五、微信公众号的运营要求

酒店微信公众号不仅能够增强酒店与客户间的互动与沟通,而且可以使酒店信息

在客户社交圈中得以分享。可以这样说,公众号营销做得好不好,直接关系到酒店的声誉与利润。基于此,酒店可以按照图2-3所示的要求,来加强微信公众号的运营。

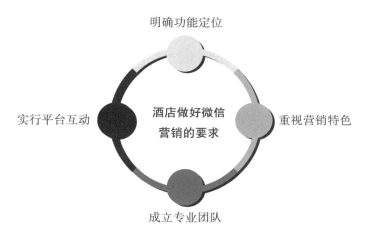

图2-3 酒店做好微信营销的要求

1.明确功能定位

酒店需要制定出行之有效的营销战略,根据微信公众平台的实际特点,确定其在营销体系中的应用范畴。在使用公众账号之前,一定要对其有一个全面的认知,并将酒店特色充分融入其中,明确其运营的实际功能,定位好公众号在酒店营销体系中所扮演的角色。从根本上讲,微信公众账号的运营目标就是发展客户,因此,酒店必须将服务放在经营的首位。

2.重视营销特色

营销特色是酒店吸引用户的关键,在运用公众账号进行消息推送时,需要在满足用户需求的基础上,打造自身独特的风格,无论界面设计,还是信息内容,都需要将酒店特色凸显出来。酒店可以抛弃传统的图文推送方式,运用视频动画等新颖方式来使信息更加具有趣味性,从而达到吸引用户的目的。

3.成立专业团队

实际上,公众账号的经营是一项非常专业的工作,酒店想要做好这项工作,就需要成立一支专业的经营团队,而且要配备专业的运营人员为酒店经营公众账号。经营团队不仅需要了解用户的消费心理,及时与用户进行沟通,还需要对酒店的特色与经营文化非常熟悉,从而确保公众账号的风格同酒店风格相同,从而为酒店吸引更多用户。

4.实行平台互动

互动性是微信的一个主要特点,公众平台实际上也具有很大的互动性,因此,酒店可以将这一特点充分利用起来,通过微信来联系用户,从而实现与用户之间的实时互动。人工后台服务是实现这一功能的关键，能够让酒店的微信公众账号更加人性化，帮助用户解决实际问题，并将用户提出的建议传达给酒店，让酒店的服务更加完善。另外，酒店还可以通过GRO，定期回访一些重要客户，了解用户所需，及时反馈用户信息。

六、微信公众号的营销策略

在酒店营销过程中，应当以微信公众号为基础不断扩大品牌的营销力，从而吸引更多客户。虽然在当前的酒店微信公众号营运过程中依然存在多种问题，但是酒店想要通过公众号获得更多用户，则应当采取必要的对策，具体如图2-4所示。

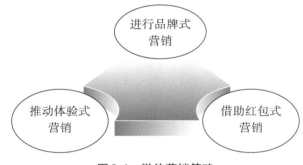

图2-4 微信营销策略

1.进行品牌式营销

酒店可借助多种方式确保微信用户对酒店微信公众平台予以认可和关注，进而提升公众对于微信公众平台的认知和认同感，确保将网络的关注转化为现实购买。在此过程中可从图2-5所示的几个策略入手。

 不断拓展公众平台的推广渠道，通过朋友圈关注、微信文章扫描二维码关注以及物件关注等多种方式进一步增加微信公众平台的关注数量

 选择更加简单和容易查找的公众号名称与图像以及位置签名等，从而确保其能够和酒店名称相符合，确保其具有较强的识别性，更需要保证微信公众号的独特性和不可复制性

 进一步提升公众平台界面的友好性和美学效果，保证广大用户在实际使用过程中能够更加便捷地获取相关资讯

 对潜在性客户群体进行主动定位，借助位置服务技术，对潜在性受众进行搜索和定位，通过主动定位等方式将产品和促销的相关信息精确推送到周围用户，最终实现酒店的营销

图2-5 酒店进行品牌式营销的策略

2.推动体验式营销

体验式营销在充分满足广大用户信息获取和产品消费的同时,应当进一步提升体验服务的基本层次。在全面了解客户基本特征的同时,应当对客户和酒店的接触界面进行全面化的设计,从而充分借助微信公众平台为客户创造最美好的消费体验。在确定接触界面的同时,应当形成微信公众平台的业务实现情景,确保平台相关功能的实现。

酒店可从图2-6所示的几个阶段来推动微信体验式营销工作的展开。

图2-6　开展体验式营销的阶段

(1)营销推广阶段。在营销推广阶段,应当借助优惠卡和特定优惠产品以及特色餐饮品尝等多种方式促使广大受众关注微信,并在微信官网多媒体上完成公司产品服务的展示,与此同时更要设置微信抽奖环节,促使大家完成购买。

(2)实际购买支付阶段。在实际购买支付阶段,以公众平台为基础对酒店的实际位置进行查询和导航,并提供实景看房功能,以确保受众能够更加真实清楚地了解酒店的相关信息。

(3)完成购买之后。在完成购买之后,酒店应当以订单信息为基础,提供服务交付之前的信息通知。对于全新顾客则应当通过微信了解其实际爱好,从而提供个性化的服务套餐。而对于老客户应当通过微信为其制定科学的服务方案,并获得客户的认可和确认,在客户确认之后,应当获得个性化和针对性的服务。

(4)入住酒店之后。进入酒店应当通过扫描二维码或者信息推送的方式,使客户在极短的时间内了解入住的基本流程。客人在进入酒店房间之后,如果存在需要投诉的内容,则应当通过微信平台将编辑好的文字和图片发送到前台,以完成问题的快速处理。

(5)酒店住宿阶段。在酒店住宿阶段,针对酒店服务的相关内容也可以通过微信完成。当前,在多个知名酒店中已经形成了以微信商城为基础的床上、卫浴以及家具等多种体验式家具消费电商平台,在顾客产生购买意愿之后,便可以通过二维码扫描的方式完成下单,并快递送货上门。

(6)离开酒店阶段。在客户离开酒店过程中,顾客可以通过微信公众平台完成结账、离店手续以及发票领取等多种手续办理,而查房的相关情况也可以通过微信告诉顾客。

3.借助红包式营销

作为微信于2014年推出的一种重要功能，微信红包实现了货币的电子发放和查收以及提现，而微信红包因为其实际操作简单，金额由个人进行设定，具有较强趣味性和吸引性，符合用户的心理需求，能够在网络上快速发展，并获得广大受众的认可。因此，酒店可借助于红包做好公众号的营销，具体策略如图2-7所示。

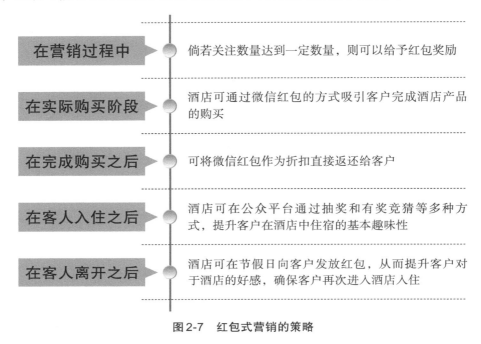

图2-7　红包式营销的策略

七、微信公众号的加粉技巧

对于酒店来说，微信营销第一步就是有数量众多的粉丝，通过在粉丝中推广营销来提高受众，增加潜在客户。当微信公众平台有了一定数量的"粉丝"之后，营销计划才可能会有效果，才能看到微信营销的威力。

> **运营指南**
>
> 在微信中，用户可以经过扫描辨认二维码身份来关注酒店公众号。酒店可以设定本品牌的二维码，用折扣和优惠来招引用户重视，拓宽微信营销的推广形式。

1.吸引粉丝

酒店要利用微信吸引更多的粉丝，可以采取线上线下结合的方法进行，尽量争取更多的粉丝，并努力将他们发展成自己的客户，具体技巧如图2-8所示。

1	丰富推广渠道，形成线上线下互通的推广渠道
2	借人传播，借物推广，酒店的任何产品与平台都可以用来推广
3	在线促销活动必不可少，有优惠有折扣才能吸引顾客眼球
4	挖掘互动新形势，提升粉丝互动量
5	紧抓亮点，关注业界最新话题，形成时事效应

图 2-8　吸引粉丝的技巧

2. 线下推广

线下永远是搜集微信精准粉丝的最佳渠道，所以酒店一定要做好线下客户的积累，而不是盲目地利用各种网络渠道去推广公众号和二维码。微信营销不在客户数量而在客户质量，只要有精准的粉丝，就算粉丝量只有几百人，都能把粉丝非常有效地转化成消费者。具体方式如图 2-9 所示。

1	酒店前台（不限于前台，任何聚集客流的地方都可以）放置二维码
2	酒店用品放置二维码（如可在床头、纸巾盒等位置印刷上二维码）
3	印发带二维码的宣传单（可配合相关促销活动进行）
4	赠送带二维码的纪念品
5	相关人员的名片、服饰上印刷二维码

图 2-9　线下推广的方式

3. 线上推广

酒店也可通过图 2-10 所示的方式加大线上推广力度，以获取更多的粉丝。

1	公众号互推（大号帮推）
2	微博、博客推广
3	微信漂流瓶、摇一摇（需个人号辅助）
4	相关行业APP、网站推广（包含酒店预订服务的一站式网站）
5	即时聊天工具推广
6	SNS社交推广（论坛、QQ空间）

图2-10 线上推广的方式

在完成最初的粉丝积累后，通过对微信的日常维护，可以将优惠信息推送给顾客，刺激顾客二次消费；也可以通过微信和粉丝互动，提升顾客活跃度；或者是推送美文通过软性的营销手段塑造企业品牌形象，提升品牌在顾客心中的形象。

八、微信图文推送

做好微信营销的一个关键点就在于我们所推送的内容，除了要与酒店特点紧密结合外，更应该从宾客的角度去着想，而不是一味地推送乏味的酒店内容。因为我们所使用的微信号不是为酒店服务的，而是为宾客服务的，只有从你的微信当中获得想要的东西，宾客才会更加忠实于你，接下来的销售才会变得理所当然。

1.推送原则

酒店在利用微信公众号向宾客推送图文信息时，对推送时间及内容应把握图2-11所示的三点原则。

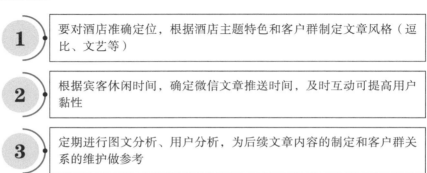

图2-11 微信图文推送的原则

2.推送的注意事项

向微信粉丝频繁地推送消息可以提高企业的曝光率,也可能会招致粉丝的反感,让粉丝取消关注。所以在推送内容的选择上需要经过仔细选择,及时分析微信数据,根据数据调整微信推送的内容。

微信推送图文消息不可忽视的细节

一、推送时间要与客人休闲时间吻合

微信文章的推送周期最好是每周1次,这样不会打扰到客人。如遇节假日推送促销活动信息等,可增加推送次数,或以多图文形式推送。

每周推送的时间最好能固定,利用休闲或碎片化时间,培养客人阅读习惯,且不会被网络信息快速覆盖。推送公众号文章最好的四个时间段为早上7:00~8:00、中午12:00~13:00、晚上18:00~19:00、21:00~22:30。

二、文章标题要吸引人

标题分为主标题和副标题,在海量的信息中,让客人在3秒内就决定是否要打开该文章,标题亮度的贡献率在50%以上。微信标题如右图所示。

1.标题形式

(1)标题越简洁,越能快速被客人解读。

(2)标题字数尽量控制在13个字以内。

(3)标题可添加"【 】"来凸显关键字,或简洁的"|"(竖线),但不要有过于烦琐、奇怪的符号。

2.标题类型

(1)以"悬"引人。标题埋下伏笔,增加趣味性、启发性和制造悬念,引发客人阅读正文的欲望。如"酒店人职业病到底有多可怕?"

(2)以"利"诱人。在标题中直接指明利益点。如"注册××酒店会员,即可享受99元特价房。"

(3)以"情"动人。文章标题抓住一个"情"字,用"情"来感动客人。如"3年的辛苦付出,一份让她泪流满面的礼物。"

(4)借"热点"。抓住热门事件、节假日

微信标题截图

热点，吸引客人关注。如"圣诞节客房预订火爆的酒店居然是这家！"可以借助百度搜索风云榜、搜狗微信搜索来捕捉热点。

（5）列数字。数字给人信任、权威的感觉，营造视觉冲击力吸引眼球。如"3天时间，这家酒店预订量超过××万！"

三、文章内容要符合酒店特色

文章要避开敏感、带有政治色彩的词汇，以积极、阳光、健康的内容呈献给客人。

1. 文章的类型

酒店推送文章的类型可包括以下几类。

（1）酒店推出的促销、优惠、打折等活动，提高客人黏性。

（2）客人住店体验，真切的感受更打动消费者。

（3）当地景区、美食、娱乐等介绍，丰富公众号的趣味性。

（4）酒店经营中的小故事，提升酒店形象，扩大影响力。

文章要层次清楚，简洁流畅，融入一些趣味元素。开头要有代入感，激发客人阅读的兴趣；中间部分简明扼要地向客人传达信息；结尾呼应开头，刺激客人预订酒店等；文章底端设置酒店二维码，提醒客人扫描关注；"阅读原文"里可设置酒店预订页面链接，引导客人快速下单。如下图所示。

微信页面截图

2.文章的排版

文章排版风格要统一，简洁美观。可以直接利用微信后台的编辑器进行排版，还可利用第三方平台排版工具，复制编辑好的内容直接粘贴到微信后台。

四、及时互动可提高用户黏性

微信公众号只有两个窗口可以与客人互动：消息管理和留言管理。

消息管理中的信息是客人直接在公众号输入的信息（48小时内回复，过期将无法回复），留言管理是管理客人在您推送的公众号文章后面的留言。

酒店前台可担任客服的工作，起个好听好记、亲切感强的名字，如"小呼"，在轮班时对客人信息进行回复。

五、定期效果分析，让运营更精准

每周对公众号图文和用户的数据进行统计分析，为后续文章推送内容、时间等提供优化指导。

（1）用户分析。用户增长量（最近7天内新增、取关、净增、累积人数）和用户属性（男女比例、省份和城市分布情况）分析。

（2）图文分析。可分析出客人阅读文章是通过公众号直接打开，还是通过好友转发或朋友圈转发，以此来调整文章标题和内容。

九、个人微信号的维护

微信，作为目前大家交流最重要的工具之一，而且使用率不断提高。因此，在微信上与常态客户或者潜在客户交流，无论是平常的闲聊或是介绍产品、商谈交易，都是很不错的营销方式。酒店营销人员可以按图2-12所示的策略，做好个人微信号的营销。

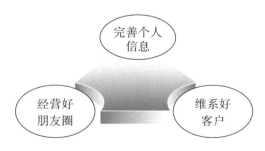

图2-12　个人微信营销的策略

1.完善个人信息

（1）选择正确的头像。微信营销的目的就是希望先"卖人"后"卖服务"，所以营销人员可以将真实的自己展现给对方。

运营指南

真实的头像能够在添加陌生人时加大通过率。最好不要使用卡通类的、美颜后的自拍、宠物类作为头像。

（2）合适的微信名字。建议：与头像目的一样，名字也能将最真实的自己营销给对方，所以理想的方式就是大方地将自己的真名设为微信名。也可运用英文名以及小名，这样会更有亲切感，且容易记忆。但前提是，你的小名或者英文名在你的生活中、工作中是广为人知的。

运营指南

虽然在名字前加上AAA的方式很容易将自己的联系方式放在通讯录靠前的位置，但是这种方式特别容易被客户屏蔽。某些"字母"客户根本不知道什么意思，而"销售"字样在加好友时容易被拒绝。

（3）用你的签名来为你做广告。个性签名在微信的各类设置中相对来说是比较不起眼的，但是对于营销型的微信来说还是希望借由这里的文字给自己做广告，同时将自己的联系方式、简介公之于众。

运营指南

在平时维护中可以定期更新，将公司最近活动以及优惠信息进行发布。

2.经营好朋友圈

做好营销型的个人微信号，经营好朋友圈至关重要。一般来说，适合朋友圈发布的内容主要如图2-13所示。

生活、娱乐 —— 此类内容是希望让对方多了解你，并让对方真切地感受到你是一个人，而不是一个销售机器

产品常识 —— 这类内容是希望给对方带来一种你比较专业的感觉

个人销售业绩、或个人荣誉 —— 这类内容可以让对方感觉到你专业可信，通过被客户认可，来获取对方信任

| 客户服务经历 | ☞ | 这类内容指的是你亲自帮客户处理问题的经过以及结果，最好配上图片，希望给对方带来你很有服务精神，打造优质服务的形象 |

| 客户的感谢短信 | ☞ | 这类内容指在将客户的感谢短信截屏在朋友圈，配上自己的感言，并在回复中打上客户感谢的内容，用更多的服务故事打造自己周到服务的专业形象 |

| 最新行业资讯 | ☞ | 指本行业的政策变化、市场前景，体现自己的行业资深形象 |

| 活动促销信息 | ☞ | 此类信息旨在引起客户兴趣，带来与你沟通的可能，创造销售机会 |

| 最新新闻、热点话题以及其他 | ☞ | 此类信息希望增加个人微信的趣味度，增加对方的关注 |

图2-13 适合朋友圈发布的内容

3.维系好客户

玩手机也能玩出单，为了维系新老客户，营销人员应该怎么去做？表2-3所示的是营销人员在与客户交流过程中常出现的几种情况与对策。

表2-3 与客户交流过程中常出现的情况与对策

序号	情况	具体分析
1	客户开了微信，也知道你有微信，互为好友却很少联系	说明你们关系很一般，没有沟通的欲望。这时就要多做努力，节日发一些祝福，平常发一些关怀的语言，拉近双方的关系
2	你主动加客户，也报了姓名，没有回应	说明你对他是可有可无的。不用心急，不必频繁跟其联系，常关注其朋友圈，储备好知识，找一个好的时机跟他讨论其分享的内容
3	对方很在意你的朋友圈分享，常点赞，但从不说话	这时你如果主动沟通，如得到积极回应，说明其对你是无防御的，否则，说明你目前处于弱势
4	你经常关注对方朋友圈点赞评论他的分享，每次或多数都有及时回应	说明他不厌烦你，并尊重你。若得不到顾客的及时反馈，说明对方并不希望与你有过多联系
5	如果对方从未对你有过痕迹式的赞美与评论	说明他对你重视不够，或不愿与你拉上瓜葛，以免不必要的麻烦

续表

序号	情况	具体分析
6	如果你给他发信息,弹出一个框让你验证身份	说明你已经被他从微信通信录里删除,在对方眼里,你已经是一名陌生人。回想一下,是不是过于频繁骚扰客户?甚至在顾客提醒之后,依旧我行我素
7	如果你发给对方的信息被拒收	说明你已经被对方打入黑名单,成为对方不欢迎的人。原因和第六种情况类似,也许是因为骚扰、发广告的频率太高。想要客户把他的钱放入你的口袋,需要建立强大的信赖感

个人号如何与客人私聊

个人号,顾名思义就是个人的联系号码,酒店方和宾客之间是一对一的私人交流方式,所以又简称私聊。

关于私聊如何开展呢,可参考以下内容。

1. 私聊前的准备

在我们准备与宾客私聊的时候,可以根据自己对用户的判断,先对目标宾客的信息和备注有一个了解,然后浏览对方的朋友圈,确定其近期的生活、工作状态和兴趣等。

2. 从关心对方开始

私聊开始的问候是不可或缺的,然后可以从对方的近况切入,适当聊聊对方感兴趣的话题。聊天也能聊出对方需求,让人感受到我们的真诚与关心。

3. 输出价值提供干货

私聊到一定阶段,可以围绕出差、住宿等话题输出价值,产生共鸣后逐步提供有价值的干货。一对一的私聊互动虽然看起来很慢,但效果却会惊人得好,正所谓:慢就是快。

十、微信小程序营销

小程序的兴起,对于酒店行业来说又增加了一个推广渠道。

1. 什么是小程序

微信小程序,简称小程序,缩写XCX,英文名Mini Program,是一种不需要下载安装即可使的应用,它具有图2-14所示的特点。

图2-14 小程序的特点

小程序实现了应用"触手可及"的梦想,用户扫一扫或搜一下即可打开应用。也体现了"用完即走"的理念,用户不用关心是否安装太多应用的问题。应用将无处不在,随时可用,但又无需安装卸载。

2.酒店小程序的优势

对酒店来说,借助小程序营销具有图2-15所示的优势。

图2-15 酒店小程序的优势

(1)便捷性高,体验度高。酒店小程序使用便捷,是不用下载安装就可以使用的轻应用,不仅能够获取信息服务,还能实现购物交易,更适合行走中的用户,只要打开小程序就能获取附近的酒店

(2)功能丰富。酒店小程序的上线,丰富了酒店用户的选择。酒店小程序没有上线之前,预订酒店可能就是下载APP,查询你所需的酒店信息,但是APP占内存。想要找性价比高,距离近的酒店,一款APP是不能满足的。酒店小程序可以囊括周边所有的酒店信息,可以随便选择,找距离最近的。

> **运营指南**
>
> 对用户来说,小程序可以用最少的空间容纳更多的酒店信息,用最少的时间找到自己想要的酒店。

(3)线上与线下流量互通。现在都是线上线下结合发展,但多数商家并没有两方面一起运营,都是比较注重一方面,线上与线下流量互通是非常方便的。酒店小程序不仅能够将线上引流到线下,线下还可以引流到线上,并且更加偏向于线下服务,现在支付宝与微信都有了小程序,这对酒店行业来说是不错的流量入口。

(4)用户数据分析。酒店小程序可以建立专属数据库,掌握所有用户的信息,进而根据用户不同的需求,提供更个性化的服务,不像之前入驻第三方平台,用户数据不是实时掌握。

3. 酒店小程序的应用场景

在小程序能力极大开放、市场普遍认识以及乐意接受的环境下,酒店、住宿行业的小程序有哪些新增的能力及可以布局的实际应用场景呢?具体如图2-16所示。

酒店介绍 ☞	展示了酒店相关文化、场景布置的照片、酒店发展历程等,全方位地展示酒店文化,获取客户的进一步认可,树立良好的行业形象,有利于活动的更好推动
品牌介绍 ☞	介绍旅馆的品牌历程以及酒店的相关特色,给消费者清晰展示品牌故事,加深印象,更好地宣传企业品牌,增强用户黏性
建议反馈 ☞	对于酒店提供的产品或者服务进行意见反馈,并留下用户的联系方式,听取用户的意见,改进相关的运营方案,与用户形成良好的互动关系,注重用户意见,提高用户体验
在线咨询 ☞	直接在小程序页面展示酒店的微信以及客服电话,客户直接进行联系,一触即达,及时捕捉客户需求,快速解决客户疑惑,展现高度专业与优质服务,提高用户体验
位置导航 ☞	展示酒店的位置信息,包括门店的分布点、位置详细布局等,客户直接点击即可实现导航。客户可以根据展现的地址信息选择有利位置,可便捷客户选择迅速到达的地方,聚焦客户
预约入住 ☞	客户可以预约入住时间段,还可以对预约所选的房间套餐等自由设定,为客户提供了灵活的时间准备以及日程的有效安排,提高用户体验

图2-16 酒店小程序的应用场景

小程序与凤凰国际酒店的完美结合

1. 智能连接线下服务情景

以前要通过微信服务号来预订,操作复杂,消费者主动操作意愿不大。现在直接使用小程序,配合个人号来进行操作,更加提升了营销人员的工作效率,也方便了客人体验。

　　打开碧桂园凤凰国际酒店小程序，会为你自动定位，点击"附近酒店"即可查看你所在位置附近碧桂园酒店列表，也可以手动输入关键字、位置查询。如下图所示。

微信小程序附近酒店页面截图

　　在附件酒店列表里，可以清晰看到距离，还能看到由消费者最关心的价格、好评等关键因素生成的推荐排序，让消费者对比选择时一目了然。如下图所示。

微信小程序搜索结果页面截图

选择点击一个酒店，即可跳转该酒店的主页，就像淘宝上的商品一样，有消费者的评论，有酒店的详情，消费者有更深入了解，选择的可能就更大。如下图所示。

微信小程序酒店评价页面截图

2. 满足更多需求，刺激用户多元消费

商城是碧桂园酒店小程序的一大特色，酒店的餐饮、温泉、SPA等增值服务在小程序有专门展示的窗口。如下图所示。

微信小程序增值服务页面截图

此外，基于酒店的位置，还可以以优惠票形式购买附近景点的门票。这一举措是对于酒店、房客、周边景点来说都是共赢的。

3. 实现全景连接，花式营销促业绩

小程序可以连接到一切有价值的场景，让身处这个场景的人可以实现所见即所得，所以无论是点餐、退房还是其他服务，在酒店小程序都能方便快捷享受处理。

"附近小程序"功能已开放，消费者在微信小程序入口进来，查看的附近小程序就能看到已拥有小程序的酒店，曝光率很高，而且小程序为传统的二维码扫描和支付功能增加了更为具体化的使用场景。

如果酒店把小程序的二维码印刷在宣传手册或单页上面，则会让宣传单和宣传册更具备口碑传播效果，引来很多粉丝。

碧桂园酒店小程序拥有一个完善的会员中心，不仅方便客人查看自己的消费，后台还自动记录客人消费记录及喜好，以便客人下次到店前做好个性服务准备，提升客人对酒店服务的认同感。如右图所示。

酒店还可用"会员中心"卡券这些功能来做营销活动，引流客户，以优惠取胜于同行，碧桂园酒店小程序的卡券还能转赠好友。如右图所示。

微信小程序会员中心页面截图

小程序卡券截图

如此，小程序的运营会更联动、体系化，不再是单一功能的工具。

4. 小程序在酒店的想象空间非常大

比如我可以在入住前预订客房、预订餐位，我们同样可以在入住中通过小程序实现开门、取水、叫餐、支付、快速退房等服务，甚至我们有可能通过小程序替代酒店的语音系统，酒店可以省下一笔不小的语音系统安装费用，入住后也可以做点评、打赏、叫车、物品邮寄等服务。

第二节 微博营销

随着微博的出现与蓬勃发展,微博营销越来越受到酒店业的青睐。微博不仅是一个交流平台,更是营销和传播的电子商务平台。

一、微博营销的概念

根据微博的产生及功能,微博可以被定义为一个基于使用者关系的信息分享、传播以及获取的平台。微博带来最大的变化就是使用者可以通过PC、手持设备等各种网络客户端组件进入其页面,以少而精的文字量更新信息,并实现即时分享。

微博一经问世,精明的企业家们便开发了其除了聊天之外最商业化的用途,即微博营销。现在几乎人人都可以在所谓门户网站注册一个微博,然后利用微博更新自己的信息,并且可以就每天更新的信息和指定的人甚至陌生人进行互动,如此就符合营销的潜在意义。

企业微博营销指的是一种以微博为主、整合了多种媒体资源而进行的营销活动,例如收集市场信息、跟消费者之间进行深入的互动、宣传公司的文化理念、产品促销、产品服务、突发事件的处理等,以实现进一步提高企业品牌影响力,以得到尽可能低成本的预期效果。

二、微博营销的特点

随着微博的兴起,越来越多的酒店资讯在微博中传播并发散着影响。在微博搜索栏处,进行搜索,输入"酒店预订""酒店订房"等关键词,就有上百条微博资讯弹出,囊括了众多品牌,酒店"微博"营销悄然兴起。微博营销具有图2-17所示的特点。

图2-17 微博营销的特点

1.立体化

微博营销可以借助先进的多媒体技术手段,以文字、图片、视频等展现形式对产品进行描述，从而使潜在消费者更形象直接地接受信息。

2.高速度

一条关注度较高的微博在互联网及与之关联的手机WAP平台上发出后，短时间内互动性转发就可以抵达微博世界的每一个角落，达到短时间内最多的目击人数。

3.便捷性

微博营销优于传统的广告行业，发布信息的主体无须经过繁复的行政审批，从而节约了大量的时间和成本。

4.广泛性

通过听众关注的形式进行病毒式的传播，影响面非常广泛。同时，名人效应能够使事件的传播量呈几何级放大。

三、微博营销的作用

微博作为一个进行信息即时共享、传播及获取的平台和社交的网络媒体形式，其影响力不断扩大。对于酒店来说，微博营销具有图2-18所示的作用。

宾客关系管理的新方式

信息的即时性使微博在宾客关系管理方面具有得天独厚的优势，酒店可以利用微博回应客人的需求，处理客人的投诉和建议，及时消除客人的不满和树立酒店的正面形象

产品发布与形象展示的新途径

微博作为一种新的沟通工具，具有人性化的特点。酒店可以将品牌个性融入官方微博之中，对酒店的品牌价值和特性进行深度诠释，使酒店微博具有某种特别的性格特征，让客人感觉到更亲近亲切

产品预订的新渠道

目前国内已经有部分酒店通过微博私信和粉丝互动，实现了初步的微博线上订房、订餐功能。但微博预订需要考虑市场细分定位，年轻人使用手机访问微博的比较多，经济型酒店可以考虑该渠道

图2-18 微博营销的作用

四、微博营销的模式

微博是一个基于用户关系的信息分享、传播以及获取的平台，允许用户通过Web、

Wap、Mail、APP、IM、SMS以及各种客户端,以简短的文本进行更新和发布消息。微博的营销模式主要有图2-19所示的几种。

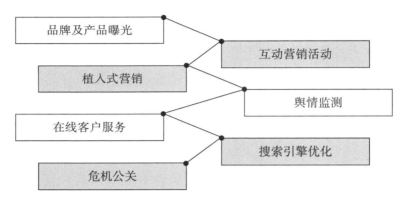

图2-19　微博营销的模式

1. 品牌及产品曝光

一些比较大的酒店经营微博的目的是希望通过微博来做品牌。他们通过微博发布一些品牌信息,通过与客户建立关系,为品牌服务。

2. 互动营销活动

在微博上,人情味、趣味性、利益性、个性化是引发网友互动的要点。通过微博的互动,建立良好的朋友关系,号召的活动响应的人就多了。

3. 植入式营销

微博将是植入式广告的最好载体之一。

> 比如,7天酒店家族的一个植入式广告:"#全民VIP狂欢节#最浪漫的跨年方式,莫过于在7天柔软大床上裹紧小被子,煲一部情侣必看电影[doge]2月10日~2月21日上百度App,海量高清影视免费看,电影大床都准备好了,只要带上ta就可以啦!#7思妙想#关注@7天酒店家族并转发微博@一个ta,2月21日抽一名小可爱打666元现金"。

4. 舆情监测

社会化媒体的到来,使得传播由"权威式"演变为了"集市式",每个草根用户都拥有了自己的"嘴巴",每个人都是一个媒体。

微博最可能成为舆情引发的信息源,为报道提供全新的及时互动模式;微博提供了官方和民众沟通的又一渠道,是政府舆情监测的重要平台;微博在企业的口碑监测和危机公关方面都具备极大的利用价值。

5. 在线客户服务

微博具备全天候24小时、面对面、即时性、一对多等服务特性，所以，微博为企业客服打开了一个新鲜的窗口。服务型企业在进入微博的第一时间就需要建立一个"客服账号"。这个层面的服务是企业存在的一个证明。

6. 搜索引擎优化

新浪微博的内容已经出现在百度搜索结果页，说明微博的影响力正在扩大。对于日访问量10 000以下的小型网站来说，吸引相同数量陌生访客的成本，微博营销比搜索引擎优化和搜索引擎广告投放都要低很多。利用微博进行搜索引擎优化的方法是：把客户行业的某篇值得关注的新闻，转载到客户需要营销的网站，提炼新闻点，做成微博。在微博里附带上该篇新闻在目标营销网站上的链接，使用热门微博ID发出。

7. 危机公关

微博相当于一个小小的自有媒体，可以拥有自己的听众和话语权。粉丝超过100，就好像是本内刊；超过10万，就是一份都市报；超过100万，就是一份全国性报纸；超过1 000万，就是电视台，超过1亿，就是CCTV。微博已经成为一个重要的公关渠道。

五、微博营销的策略

实践证明，酒店通过微博不仅可以有效地去感知顾客需求，提升酒店知名度，还可以较低的成本维系顾客关系，扩展客户资源，让酒店产品和服务信息传递出去。因此，酒店应当注重开发微博营销的商务价值，采取正确的营销策略，使微博在营销中发挥更大的作用。具体如图2-20所示。

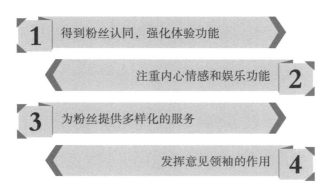

图2-20 微博营销的策略

1. 得到粉丝认同，强化体验功能

酒店微博不能仅满足于介绍产品功能、价格以及服务，更要注重让消费者建立起

对产品的感官体验和思维认同。要利用微博平台开展体验活动,让消费者通过参与深入理解和体验品牌内涵,进而认同品牌并逐渐酝酿起购买冲动。

(1)扣人心弦的体验主题。微博体验主题要在强调用户体验的同时融入酒店品牌基因。

> 比如,香格里拉酒店集团携手新浪微博开展的"我的香格里拉"摄影大赛活动,邀请微博粉丝透过镜头捕捉"香格里拉"优雅、自然、宁静、迷人和关爱的精神气质,粉丝踊跃参与,共收到3000多幅照片。他们用镜头捕捉和诠释了自己心中的"香格里拉",所有照片于2011年12月至2012年6月在北京国贸大酒店、上海浦东香格里拉大酒店、广州香格里拉大酒店和成都香格里拉大酒店巡回展出,吸引了更多人成为香格里拉的粉丝。如图2-21所示。

图2-21 酒店微博界面截图

(2)多样化的体验形式。微博体验包括多种体验形式。

① 主题讨论。博友们可针对特定主题进行充分的讨论和沟通,阐述并分享各自观点,不断加深对主题的理解和体会。

② 图片欣赏与作品创作。图片极具视觉冲击效果,与体验主题相关的图片分享,有助于深化旅游酒店粉丝们的品牌体验。

> 比如,香格里拉酒店集团开展的"美图与美文",同大家分享曼谷之旅的美食、美景,极受粉丝欢迎。

对酒店而言,满足粉丝需求是其微博营销的目标和动力。

2.注重内心情感和娱乐功能

微博内容要集中关注粉丝真正关心的事情,单一的产品促销和广告会让粉丝们敬而远之。因此,微博内容应体现情感风格,多采用粉丝喜欢的网络语言如"亲、给力"等,并用口语化的"啊、呀、耶、哦"之类的词及笑脸表情来表达情感。在语言风格上,酒店可以创造富有特色的语言风格,类似于"凡客体"、华为的"I Wanna CU",轻松有趣的语言风格,容易引发粉丝的转发仿效。

酒店微博还可用社会名人、高管、员工或是自创虚拟形象来为酒店代言，比如7天连锁酒店微博自创"小7"品牌卡通图案，形象生动可爱，让粉丝们倍感亲切。如图2-22所示。

图2-22　酒店微博界面截图

酒店可在微博中塑造粉丝感兴趣的酒店典型人物形象，如大堂经理、大厨、调酒师、服务生等角色，用他们的眼光和口气来阐述现实中发生的种种生动有趣的故事，汇聚成粉丝竞相追看的"酒店微博剧"。

3.为粉丝提供多样化的服务

研究发现，有相当多的微博粉丝是根据从微博上看到的信息选择酒店订房、订餐的。酒店要完善信息服务和咨询建议，为微博粉丝提供多样化的信息服务和消费选择。酒店为粉丝提供的多样化服务如图2-23所示。

1	酒店可在旅游旺季，把客房每周预订信息及时对外进行预报，包括酒店星级、房间数量、预订率和预订电话等信息
2	酒店可借助某些微博平台拥有的电子商务、电子支付等功能实现预订、支付、点评一体化的在线体验流程
3	酒店可通过超链接、图片和视频来展示酒店的软硬件设施、服务过程、环境氛围等，让粉丝们"眼见为实"

图2-23　酒店为粉丝提供的多样化服务

4.发挥意见领袖的作用

酒店应充分发挥微博中意见领袖的号召力，让尽可能多的目标顾客主动并且乐意接受酒店所要传达的信息，以提升微博营销的效果。

比如，香格里拉酒店集团举办的第二届"我的香格里拉"摄影大赛，邀请评委包括著名电影导演田壮壮，中央美院设计学院副院长、摄影系教授王川，复旦大学视觉文化研究中心副主任顾铮和知名媒体人洪晃，引发粉丝们对该活动的大量留言和转发，用极小的成本，吸引了上万微博粉丝的高度注意，成功实现了宣传推广酒店品牌的目的。如图2-24所示。

图2-24　酒店微博界面截图

六、微博营销的技巧

随着信息科技的不断发展和进步，酒店微博营销终将获得更多的发展空间，酒店也将从中获得更大的利益。在这一趋势下，酒店只有正确分析自身的特点与实力，合理定位市场，选准微博平台，把握营销技巧，才能在激烈的市场竞争中占有优势。具体如图2-25所示。

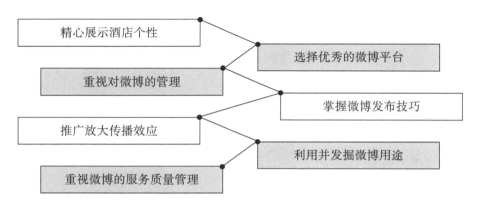

图2-25　微博营销的技巧

1. 精心展示酒店个性

酒店微博的独特设计十分重要,要精心设计酒店的头像、文字简介、标签等基本展示元素。酒店头像多采用LOGO,也有采用建筑外观、酒店客房图片等,这能提高潜在客人对酒店品牌的识别度。而酒店简介则追求简洁,争取在第一时间夺人眼球。标签设置也非常重要,它是潜在粉丝通过微博内部搜索引擎搜索到酒店的重要途径。如图2-26所示。

图2-26 酒店微博界面截图

2. 选择优秀的微博平台

选择一个有影响力、集中目标用户群体的微博平台无疑能使营销效果事半功倍。

> 比如,新浪以其"名人战术"这一柄利器吸引了大量用户的眼球,一举成为微博大战的领先者。据有关资料统计,新浪微博的用户率达到64.26%,而腾讯微博则集中了较多的"平民"、草根,比如大学生和一些自由职业者。

因而,酒店要针对自己的特色和定位,找寻对应的微博平台来集中展示自己的风采,让别人看到酒店微博就能想到酒店品牌,也就是让你的微博成为品牌的标签。

3. 重视对微博的管理

微博作为酒店的营销工具、客户服务工具、媒体工具,维护人员必须有市场营销和客户服务背景,对消费习惯和消费心理比较了解,能够及时迅速地察觉消费者潜在的需求。同时酒店微博的管理员必须经过系统而专业的培训,不单只停留在技术操作层面上，更需要进行商业公关技巧的培训。酒店领导必须掌握用人之道，真正使微博用之有效。

4. 掌握微博发布技巧

发布微博是一项持久的连续的工作，要把它当作日常工作来抓。酒店应对自身品牌个性进行诠释，而微博内容的写作和选择至关重要，虽然是个人操作，但表现方式应以酒店为主，展示酒店的形象，应尽可能避免个人情绪化的表达方式。同时，要避免成为"话痨"，因为更新速度太快反而容易导致粉丝反感。因而，酒店要掌握正确的时间，向正确的目标粉丝发布正确的内容，提高收效。

5. 推广放大传播效应

获得尽可能多的被关注，是酒店微博营销的基础。酒店应尽可能地在微博平台互动，包括通过关注酒店业内其他同行及人物，关注与酒店业相关的行业动态，关注那些关注自己的人，转发评论他人微博等方式，以此获得他人关注。同时酒店应在营销方式上下功夫，发布的微博内容要重视原创，可以通过制作精品内容、免费赠送客房或者折扣券、巧妙借助热点事件拉近与粉丝距离、发起公益活动吸引粉丝参与互动等，从而提升酒店关注度。

6. 利用并发掘微博用途

微博是收集民意的最佳场所，酒店要指派专人维护官方微博，在第一时间回答粉丝疑问，解决他们的实际问题，让他们体验到与酒店零距离交互的价值，从而产生信任感。另外也要对前台、预订、销售等所有客人接触的部门进行微博知识培训，并利用各种与客人接触的机会进行微博推广，宣传微博也用微博宣传。

7. 重视微博的服务质量管理

酒店微博的一个重要作用是借此来传达自身专业而周到的服务质量，以吸引更多的顾客。酒店服务具有无形性特征，顾客对于服务质量的评价也难以衡量，当发生顾客在微博上抱怨事件时，酒店微博管理人员应引起足够重视，否则将迅速和大面积地影响酒店的形象。

七、获得粉丝的技巧

衡量微博营销是否成功很重要的一个指标是粉丝数。有效的微博营销需要付出多方面的努力，每个环节的失败都会给微博营销带来负面影响，而粉丝数是一个综合指标，粉丝数越多意味着微博营销总体上做得越好。

1. 微博账号的功能定位

酒店可以注册多个微博账号，每个账号各司其职。一个微博账号可能承担相对单一的功能，也可以承担多个功能。如果酒店比较大，那么在一个专门的公共关系微博账号外，建立多个部门微博账号是可取的。如果酒店的产品比较单一，那么整个企业建一个微博账号就可以了。

> **运营指南**
> 一般来说，一个微博账号可以承担新产品信息发布、品牌活动推广、事件营销、产品客服、接受产品用户建议与反馈、危机公关等多项功能角色。

2.普通用户参与微博的理由

如果酒店已经有了大量的用户群，那么在微博上获取其关注是相对容易的。如果酒店并不具有品牌影响力，那么在微博上获得"陌生人"的关注就需要付出更大的努力。因此要理解微博用户的社会心理需求。虽然没有具体的数据统计，但是可以从新浪"微博广场"的热门话题了解到大部分普通微博用户（非微博营销用户）参与微博的六大理由，具体如图2-27所示。

图2-27　普通微博用户（非微博营销用户）参与微博的理由

图2-27六大理由的排序大致是普通微博用户参与微博的"动机强度"排序。深入地了解这些心理是创造普通用户"喜闻乐见"的微博内容的前提。

3.创造有价值的内容

有价值的内容就是对微博用户"有用"的内容，能够激发微博用户的阅读、参与互动交流的热情。酒店需要平衡产品推广信息与有趣性的"娱乐信息"的比例（"娱乐信息"必须与本行业相关），可以从三个方面调整，具体内容如下。

（1）发布本行业的有趣的新闻、轶事。酒店可以通过微博客观性地叙述一些行业公开的发展报道、统计报表，甚至"内幕"，可以有选择性地提供一些有关公司的独家新闻——真正关注你的产品的微博用户会对这些独家新闻非常感兴趣。当然，重点要突出新闻性、有趣性。如图2-28所示。

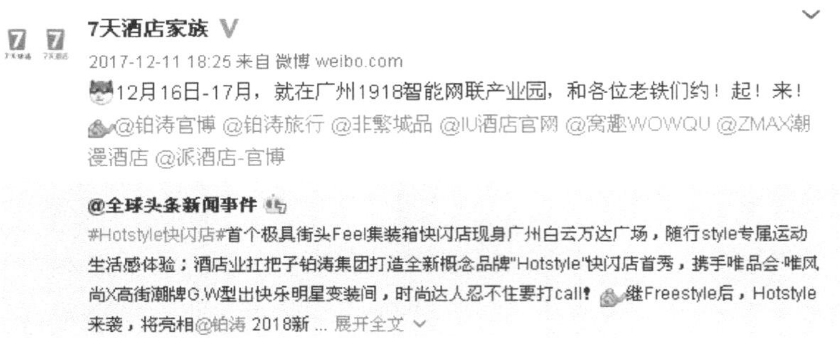

图2-28　酒店微博界面截图

（2）创业口述史。大多数普通人对创业者总怀有一种好奇，甚至尊敬的心态。企业微博可以有步骤有计划地叙述自己品牌的创业历程，公司创始人的一些公开或独家的新闻——类似一部企业口述史、电视纪录片。

（3）发布与本行业相关的产品信息。搜集一些与产品相关的有趣的创意，有幽默感的文字、视频、图片广告，这些创意和广告不一定都是自己的品牌，可以是本行业公认的著名品牌。

图2-29　酒店微博界面截图

4.互动营销游戏

在微博上搞活动真正符合微博拟人化互动的本质特征。只要产品有价值，没人能拒绝真正的"免费""打折"等促销信息，很少有人会讨厌此类信息。常见的微博互动活动形态,具体如图2-30所示。

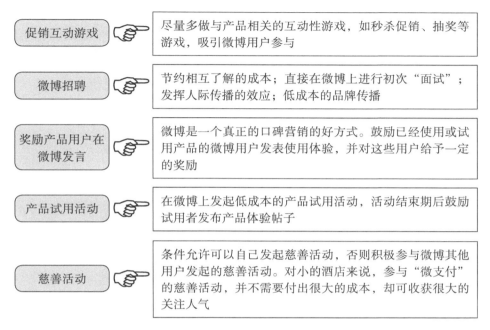

图2-30 常见的微博互动活动形态

八、微博植入广告式营销

在现实生活中,人们购买产品时会"严重地"受到信任的朋友评价的影响。微博是人际交流的场所,在人们交流的过程中植入广告是微博植入式广告的核心。常见微博植入广告的形式,具体如图2-31所示。

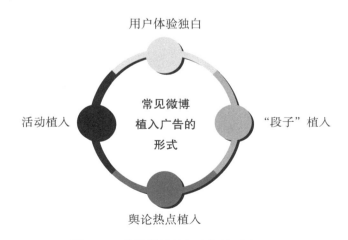

图2-31 常见微博植入广告的形式

1. 用户体验独白

人们每天都在微博里记述自己的生活经验和感受，这些内容一定会有相当比例涉及自己使用的产品。这些评论就构成了真实的口碑。如果发起一个活动，让使用企业产品的用户来主动讲述自己的产品体验——无论好的体验还是坏的体验，给予体验独白用户一定的小奖励，就能激发用户向朋友传播这个品牌。如图2-32所示。

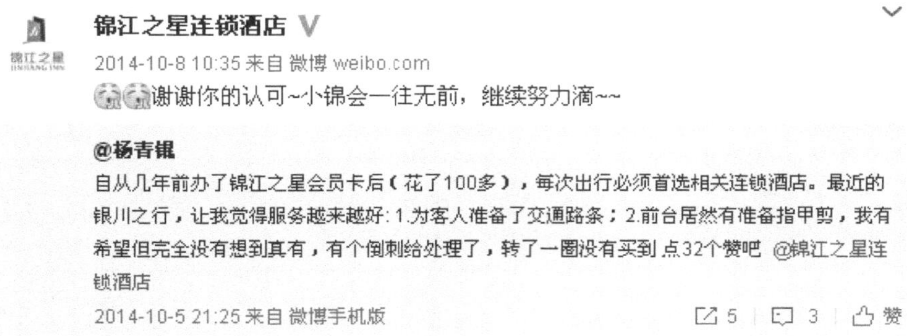

图2-32 酒店微博界面截图（一）

2."段子"植入

好玩、幽默、人生感悟的"段子"（有时配上图片和视频）总是能让大众喜欢——喜欢理由如同人们喜欢听相声、脱口秀的理由一样。因此，酒店微博把品牌植入这些受欢迎的段子之中，受众一般不会反感，反而会赞叹创意的精妙。如图2-33所示。

图2-33 酒店微博界面截图（二）

3. 舆论热点植入

针对热点人物、热点事件植入广告。舆论热点有发生、成长、高潮、退潮四个阶段，酒店要敏锐地觉察舆论热点的发展过程，不要等热点退潮后再做文章，那时已经了无新意，引不起观众的兴趣了。

4.活动植入

微博互动适合做一些秒杀、抽奖、竞猜、促销等活动。如图2-34所示。

速8酒店 V
1月31日 09:30 来自 微话题-2018我拼了...
#2018我拼了# 与其花时间养蛙，不如花1元秒杀!定好闹钟，活动秒杀时间：2018年2月5日上午10:00赶紧去看看，清单里有木有你要的酒店呢？秒杀 速8心语，不管你是奋斗在依然相信爱情的北上广，还是回到了魂牵梦绕的家乡，一路都能看到速8的身影，因为我们最想给予你的就是一路的陪伴，2018，新速8，新旅程... 展开全文 ∨

图2-34 酒店微博界面截图（三）

第三节 APP营销

随着智能手机与移动上网设备的普及、4G的到来，移动互联网已经成为我们日常生活工作不可或缺的一部分。人们已经习惯使用APP客户端上网，获取信息，互动交流。移动互联网交流互动平台，已经成为众多行业营销必争之地，酒店行业也迎头赶上，积极寻找市场新契机。

一、APP营销的概念

APP是英文Application的简称，由于iPhone等智能手机的流行，APP指智能手机的第三方应用程序。

APP营销主要是指通过手机APP来开展的营销活动。APP营销是整个移动互联网营销的核心内容，是品牌与用户之间形成消费关系的重要渠道，也是连接线上线下的重要枢纽。如图2-35所示。

图2-35　酒店APP界面截图

APP既是一种时尚的流行方式，也可以不间断地连接网络、SNS、微博等工具，加上LBS、AR等新兴技术，完全可以形成一种志缘、趣缘的社区。APP不仅是厂商提供营销的计划，也是经销商提供服务和增值盈利的计划，还是厂商和经销商以及消费者、潜在消费者之间的桥梁。

1.APP成移动营销新宠

对于移动营销来说，APP符合移动互联网时代不间断的连接、碎片化的时间、个性化的需求等时代特点和需求，成为移动营销新宠，既是热门的形势使然，更与APP自身特点和其依托的利器有莫大的关系。

手机作为第五媒体，具有高关注度、强互动性、有效转化、二次营销和整合媒体的优势，为企业品牌提供了更好的营销环境。移动营销也因此成为品牌企业营销的主流方向，变成了360度全网营销中不可或缺的一环。而不同档次的酒店，其定位更明确，目标人群要求更精准，其销售也带着明显的区域特征，运用APP平台可以实现从大众传播到精准传播，同时也能完善品牌体验。

因此，APP以其所具有的定制性、媒体性和传播性，凭借天然的精准性、位置化、长尾性、互动性以及高用户黏性，成了品牌"自营销"的工具，敲开了品牌入驻移动营销的大门，给了意欲推广品牌和产品的企业绝佳时机，当主动权可以主动掌握在企业手中、他们能直接面对最终用户时，一个新的时代正在徐徐开启。

2.APP营销的目的

随着智能终端无孔不入地入侵生活的每一个细枝末节，APP将扮演越来越重要的作用。

APP作为移动营销的手段之一，其根本目的无非是图2-36所示的两种。

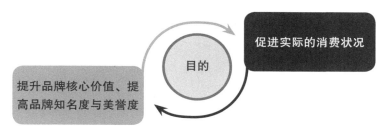

图2-36　APP营销的目的

图2-36中，前者多半为品牌宣传，而后者多半为具体活动营销宣传。

二、APP营销的好处

酒店营销入口有很多，可以在微博上做，也可以在微信上做，同样可以在OTA网站上做，但还是要采用APP进行营销，其好处如下。

（1）APP是进行酒店移动营销一个非常好的选择，因为它是移动O2O的载体。真正的O2O模式还需要移动端来实现，用户可以通过手机客户端随时随地发现产品价值、优惠信息等，而便携式移动终端的功能，用户身份和用户可追踪字符位置的唯一性，将促进移动O2O发展。

（2）符合当下年轻消费群体的阅读习惯和购物习惯，但需要解决购买后的黏性和口碑良性传播的挑战。

（3）目前APP还在呈几何级数增长，APP的市场空间将不可估量，酒店行业趁早布局手机APP为占领市场将起到很关键的作用。

三、APP营销的亮点

APP平台是目前全新的精准营销方式，主要为酒店提供全面的营销战略服务，帮助酒店达成品牌形象传播、产品营销推广、客户关系维护、销售转化，从而提升产品销量。它有图2-37所示的四大亮点。

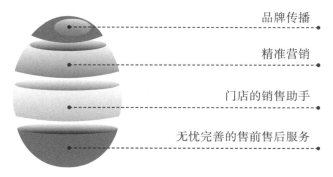

图2-37　APP营销的特点

1. 品牌传播

（1）实现对酒店的形象展示与宣传，从而有效提升酒店的形象价值。

（2）对酒店的经营/服务理念进行宣传展示，有效增强现有客户及潜在客户对酒店的黏度。

（3）产品移动展厅，可对比查询产品信息及图片；最大化营造漏斗效应，达成（店面/产品）品牌自上而下的推广需求。

2. 精准营销

（1）帮助酒店筛选、锁定目标客户群，实施有针对性和选择性的宣传诉求重点。

（2）售前可通过APP平台将产品/活动信息推送给目标客户群。

（3）24小时绑定潜在客户群。

3. 门店的销售助手

（1）突破传统形式，通过图片和表格文字全面展示产品的卖点。

（2）使用手机/平板电脑向顾客介绍产品性能、分享图片和可提供的选择。

（3）工作人员带着ipad，使销售更简便、更高效。

（4）更能增强消费者的用户体验，提高检索量。

4. 无忧完善的售前售后服务

（1）建立完善的移动售前售后服务，方便宾客，同时提高酒店的作业效率。

（2）宾客可通过手机查询个人档案及在线提交订房预约。

（3）宾客使用手机即可在线续约，便捷快速。

（4）宾客可通过APP平台速拨酒店网点电话，简化程序。

（5）第一时间把酒店的最新活动资讯、促销信息推送给宾客，更快捷、精准完成信息推广。

相关链接

酒店APP软件开发主要功能

1. 礼宾服务

在酒店行业运营的过程中，最重视的是服务质量以及客户的满意度。APP应用的出现，不断满足客户的体验感。用户在下载、安装APP应用之后，就可以通过APP应用查询周边的景点信息、美食信息等。同时还能通过APP应用自助办理入住、离店手续等，为用户带来更多的便利性。

2. 预订功能

在酒店的服务中，预订功能是较为重要的因素。酒店通过APP应用为用户推送相关的产品信息、促销信息，用户一旦产生需要，就能够在第一时间通过简单的操作进入预订模式。这种线上预订的方式，符合用户的消费习惯，能够有效为企业带来更丰富的销售额。

3. 周边服务

酒店APP软件还提供各种附加的周边效劳功能，用户能够了解酒店周边的各种旅游景点、特色小吃、风土人情等。

4. 移动在线支付

用户预订之后可以选择移动在线支付，这点主要是在为用户提供便捷支付环境的同时，能够便于酒店对资金的管理，可以直接将金额转到总公司，形成便捷、安全、稳定的资金链。

5. 与用户互动

通过酒店APP软件开发可以与用户产生互动，将酒店近期的优惠信息、打折促销信息推送给客户，在节日里为客户送上温馨的祝福，以及通过收集用户反馈的信息，调整营销战略和优化服务体系，使得营销更具针对性。

四、APP营销推广方式

APP平台营销对酒店来说已是大势所趋，它是一种全新的精准营销方式，当我们拥有了一款用户体验感极佳的APP后，如何更高效地推广自己的APP，吸引用户的下载，得到用户的喜爱，这又是APP平台营销中急需解决的难题。目前APP推广主要有图2-38所示的几种方式。

1. 将APP发布到苹果、安卓的各大应用市场，用户在移动市场中找到相关应用并下载
2. 运用二维码技术，在一切可显像图文的平台上添加二维码
3. 优化应用搜索渠道，将网站访问率转化为应用下载量
4. 通过专业性媒体、电视广告、网络广告报道，提高APP的曝光率
5. 微博营销，给APP注册微博账号，近距离地与用户进行沟通，提高影响力
6. 口碑营销，通过口言相传，提高APP关注度

图2-38　APP营销推广方式

五、APP营销技巧

APP的优点在于切合了目前流行的无线应用、虚拟社区等，而消费者的时间日趋碎片化，它能无时无刻、无孔不入地将"植入"进行到底，无形地伴随手机、无线终端等入侵消费者生活的分分秒秒。因此，作为酒店，要做好APP营销，也要讲究一定的技巧，具体如图2-39所示。

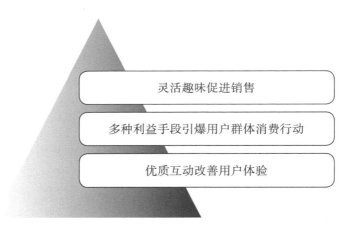

图2-39　APP营销的技巧

1.灵活趣味促进销售

酒店所属品牌的APP就像是一个mini版的官网，产品信息、企业信息、动态信息、预约功能、积分查询等内容都可以在APP上得到完美展现，被誉为酒店"自营销"的重要阵地。在这个灵活丰富的平台上，可以实现图2-40所示的销售流程，促进酒店销售转化。

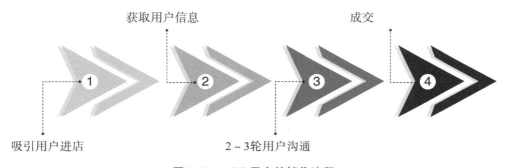

图2-40　APP平台的销售流程

2.多种利益手段引爆用户群体消费行动

酒店APP应用作为酒店品牌嫁接移动营销的手段，覆盖智能手机桌面，实时地为目标消费群体进行一对一的推送品牌、产品及活动信息，对消费者进行利益刺激和引导。通过这款APP，商家将有效地把握目标用户，广告的曝光率、到达率更为精准。如图2-41所示。

图2-41 酒店APP界面截图

根据酒店所属品牌的消费人群设定具体的利益刺激方式，可以是实实在在的物质利益刺激，比如优惠促销、诱人的奖品、丰厚的酬劳回报等，也可以从情感利益的诉求入手，比如乐趣、成就感等，通过酒店APP传达给目标用户，从而留住更多目标用户，提高销售转化率。

3. 优质互动改善用户体验

大大改善宾客接受酒店服务的体验的方法，在互联网中有一个伟大的概念叫作"互动"，在手机移动网络时代同样适用。良好的互动不仅为品牌的提升带来了巨大的效果，还可以大大改善用户获取终端服务店服务的体验。

酒店的APP客户端本身就是一个良好的互动平台，既可以免费将各种信息推送给客户，又能直接通过手机实现订房预约服务，还可以提供集会员礼遇、旅游、订车、买卡等多功能为一体的服务。如图2-42所示。

酒店的APP客户端可以解决传统电话预约的诸多问题，提升服务的及时性，避免客户的流失，还可以减少人工座席成本，让酒店的服务重心转移到对现场宾客的关注上，是真正的多赢。

图 2-42 酒店 APP 与宾客互动界面截图

第四节 网站直销

互联网每天都在更新信息，谁先一步掌握信息，谁就领先于市场。在快速发展的互联网平台中，网站就像一个通往与外界沟通的窗口，它使人们不管在哪里，只要能上网，都会了解到你想要了解的信息。很多酒店也都开始建起了网站。

一、建设网站的必要性

随着近年来旅游业及周边休闲产业的进一步发展，国内各大城市星级规模酒店的发展也随之迅速。快速扩张的酒店规模、不断提升的人工成本以及酒店用品采购导致传统酒店业的竞争日趋白热化，使得酒店实际利润增长日趋有限，酒店业面临的经营挑战不断加大。面对如此困局，酒店应在这种竞争环境中，通过建立自身网络营销系统来谋求良好的发展。

具体来说，酒店自建网站的原因如图 2-43 所示。

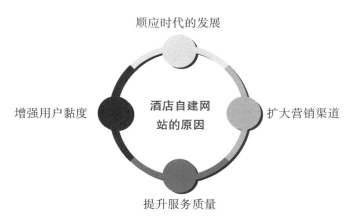

图2-43 酒店自建网站的原因

1. 顺应时代的发展

建立自身的网络营销系统是酒店顺应时代潮流的标志之一,由于酒店业归属于传统行业之一,在信息化时代假设传统行业不顺应时代潮流,就必然遭到市场淘汰,因为现在的酒店订单更多的是来自客人通过手机或电脑网络等移动设备的在线预订形成的。如今互联网+时代已经到来,酒店的战略化策略必须与互联网+无缝链接才能实现传统酒店业的升级转型。

2. 扩大营销渠道

随着当今社会智能化产品的不断完善,酒店与OTA的合作已经不是唯一的营销推广战略,毕竟除了OTA,客人还可以通过搜索引擎、网站、微信公众平台等途径寻找到自己满意的酒店。所以,这个时候酒店也需要通过多途径,进行全方位的网络推广营销,OTA只是酒店营销推广的战略之一,但并非唯一。

3. 提升服务质量

酒店可以通过建立网络营销系统,提升酒店服务质量,在该系统下客户可以对酒店环境、卫生、服务等进行点评,对酒店服务人员进行最好的监督,从而提升酒店的服务质量。

4. 增强用户黏度

该系统可以帮助酒店形成良好的会员制度,它可以通过系统后台强大的功能、便利性和沟通平台帮助酒店转化和培育酒店会员,进一步增强酒店用户的黏度。

由此可见,建立酒店自身的网络营销系统是以"引流准客户,培育会员客户"为目标,来帮助酒店实现自主营销,提升客房入住率。所以,酒店只有建立自身的网络营销系统,全方位地实现战略营销,才能摆脱OTA的强食,成功从市场中脱颖而出。

二、建设网站的好处

随着互联网的发展和酒店对信息化要求的日益加深,越来越多的酒店认识到酒店预订网站的重要性,准备建设自己的酒店预订网站。具体来说,酒店建设网站的好处如图2-44所示。

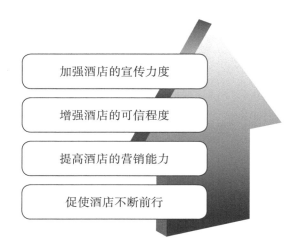

图2-44　酒店建设网站的好处

1.加强酒店的宣传力度

通过酒店的网站、微信公众号、APP移动互联等技术,把酒店路线、整体的设施设备、内部环境装饰、各种特色服务等,可全部发布到网站上,对酒店进行全方位的互联网宣传,让客人不管在世界的哪个角落,都可以更快捷、更直观地从视觉上了解酒店的全部信息。

2.增强酒店的可信程度

酒店应第一时间反馈客户所需要的信息,让客人更直接方便了解。酒店在网站上的图片、活动、价格等应与客人到酒店所看到的一致,让客人对酒店产生信任感,这样就会为酒店培养一批忠实的客户。

3.提高酒店的营销能力

互联网打破了时间和地区的限制,覆盖了整个世界,有利于酒店拓展潜在客户市场。酒店通过网站将自己的服务信息迅速传送到世界各地,大大提高了酒店的营销能力,真正实现全球营销梦想。

4.促使酒店不断前行

互联网帮助酒店广泛收集客人的要求,根据客人需求变化不断提高服务质量,使酒店一直保持着前进的脚步。

运营指南

酒店想要发展，想领先于市场，就必须要建设自己的专业网站、微信公众号、移动网站等。找到专业的网站建设公司，根据酒店特色、服务理念，打造出符合自己酒店的互联网宣传品牌网站。

三、网站栏目设计

不同品牌、不同档次的酒店，其风格也不一样，因此在建设网站时，应按酒店的实际情况来设计功能模块。

××连锁酒店网站建设方案书

第一部分：网站主要介绍

一、网站风格

网站属性：专业连锁酒店在线预订网站。

二、网站建设目标

（1）树立酒店良好的公众形象；提高知名度与顾客网上搜索率。

（2）为酒店提供网上预订平台。

（3）让顾客及时了解优惠信息、特色活动信息；吸引更多的潜在客户预订。

（4）吸引更多的客户，为现有的客户提供更有效的服务。

（5）建立完善的网上预订服务系统，提高预订管理效率，建立完善的跟踪系统。

第二部分：网站栏目结构介绍

1. 网站首页

网站首页是连锁酒店网站的第一窗口，是决定客户对连锁酒店第一印象认知度的关键页面，首页的布局和页面风格的设定，对网站整体定位起着决定性的作用。我们将为您量身定制独有的风格和整体形象结构的网站首页，突出"连锁酒店"个性化设计，对外展示公司的良好形象，为浏览者创造良好的视觉效果！

2. 集团简介

本栏目主要是对连锁酒店的介绍和说明，介绍公司概况、特色和服务宗旨，还可以包括公司的历史、大事记、企业文化、公司荣誉等信息。让顾客对其即将入住的酒店产生更强的信任程度，从而进一步刺激消费者，把无形的介绍转化成有形的消费。二级栏目包括：集团介绍、品牌故事、总裁致辞、企业文化、大事记等。

3. 新闻资讯

以信息发布形式公布公司的新闻资讯、行业动态以及媒体报道等连锁酒店信息。让客户在入住酒店之余可以了解更多的公司新闻信息。二级栏目包括：公司新闻、促销优惠、媒体报道。

4. 酒店预订

以电子表格形式在线填写订房信息，浏览者在此填写姓名、手机号、订房房型、人数、入住天数、到店日期、离店日期、联系方法等信息，确认后这些信息将提交给酒店后台管理员。二级栏目包括：酒店预订、地图预订、价格查询、订单管理（后台）。

5. 品牌汇

主要是为连锁酒店的个人会员提供用户注册、登录、会员预订、点评功能。会员登录会员中心可以享受会员酒店预订折扣、查看自己的酒店订单、查看积分、修改联系信息、修改密码、查阅自己历史订单等。二级栏目包括：我的订单、我的点评、我的资料、我的常住酒店、会员权益、会员公告、会员手册、会员点评。

6. 客人点评

本栏目是一个互动动态栏目，是网站管理者获得网站访客反馈信息的一个重要来源。它主要是提供了一个公共的信息发布平台，在这一栏目中，入住酒店的客人登录会员中心可以发布对酒店的入住体验点评。酒店可以针对客人的点评进行回复。二级栏目包括：客人点评、酒店回复。

7. 会员中心

主要是为连锁酒店的个人会员的权益介绍以及常见操作指南等内容。二级栏目包括：会员权益、会员公告、会员手册、会员点评。

8. 人才招聘

在这一栏目中，对于对贵公司感兴趣的人才提供一个毛遂自荐的机会，为贵公司网罗各路精英，充实实力，加快发展。同时也体现了酒店对人力资源的重视，企业要发展，人才库的装备是必不可少的。二级栏目包括：人才战略、人才招聘。

9. 联系我们

客人和酒店之间联系沟通的渠道，对于对贵集团感兴趣的潜在客人提供酒店的详细联系方式，便于访问者和酒店的及时沟通。二级栏目包括：联系方式、酒店地图。系统提供一键导航功能，方便客人入住。

10. 附属栏目

本栏目是一个附属栏目，可以增加一些网站实用工具信息，例如网站流量统计系统、二维码、微信信息等。二级栏目包括：友情链接、联系我们、免责条款、酒店加盟、酒店登录等。

11.网站预订相关功能描述

（1）酒店地标检索。连锁酒店（按品牌划分）、车站酒店、机场酒店、地铁酒店、景区酒店、会展酒店、高校酒店等。

（2）酒店信息。酒店简介、酒店所在商圈、附近地标、酒店地址、周边交通、酒店地图、酒店图片等。

（3）酒店预订信息。房间信息（面积、楼层、房型、床型、加床、早餐、宽带）、预订价、入住日期、离店日期、周末价、平时价、特殊日期价格、是否含早、返现金（入住后点评）。

（4）酒店预订订单信息。房型、价格；确认方式（短信、固话）；入住人数、入住姓名；入住日期；离店日期；预订人姓名；预订人手机；最早到店时间；最晚到店时间；其他需求（加床、电脑房、无烟房），加床要注明需另加价。

（5）个人会员中心。我的酒店订单；我的积分；我的信息；我的常住酒店；我的酒店点评、我要点评；最近访问酒店；个人账户信息；修改资料。

（6）酒店会员管理后台。更新酒店信息；房型信息登记；客房预订管理；酒店点评管理；酒店地图标注。

（7）预订帮助。新手上路；预订流程；奖金提现；售后服务。

（8）酒店点评。点评等级；会员预订成功入住后登录会员中心点评；酒店可以查看针对自己的点评，可以对点评进行回复。

第三部分：网站程序介绍

一、连锁酒店网站管理系统综述（略）
二、系统优势

1.四站合一，一次录入，四站同步更新

四站同步系统，填补酒店预订网站管理系统空白，助您引领行业风向标。只要录入一次数据，四站数据同步更新，有效降低平台维护时间成本和人力成本。

2.立足seo，代码简洁规范

系统支持伪静态，生成html，完全Div+CSS结构，代码简洁规范。

3.强大智能的酒店信息管理系统

全方位酒店介绍，让用户更全面了解酒店；实景图片展示，让用户近距离感受酒店；动态地图，让用户轻松了解酒店所在位置和交通情况。

4.便捷的酒店直销管理系统

酒店可以凭借强大的后台可以轻松管理酒店信息、房型信息、订单信息、点评信息。

5.智能化房价房态管理

日历式批量输入，确保全年价格智能匹配，房态随时更改，独立自由设置。

6. 多种预订支付方式

客人预订既可以选择网上预订，酒店前台付款，也可以选择使用支付宝、财付通等在线支付，还可以在微信端选择微信支付。多种选择，适合不同客户需要。

7. 便捷的会员管理系统

会员是一个连锁酒店直销的根本，我们秉承这一核心理念，让用户通过微信、APP客户端、电脑端、手机端等多个途径，最便捷地成为我们的网站会员。通过注册送礼包、入住点评得现金、提现轻松操作、便捷入住、轻松预订，让您留住会员！

8. 会员多种价格体系设置

酒店可以轻松设置会员等级，不同等级会员设置不同价格折扣，例如钻石会员、金卡会员、银卡会员等。会员前台预订时，不同等级会员就会享受不同预订价格折扣，便于酒店吸引更多客人成为我们的酒店会员和引导客人重复多次消费。

9. 强大的订单管理功能

专业级酒店订单生成，实时订单双向短信提醒功能，方便酒店订单管理和网站跟踪。每一个订单都有详尽的跟踪记录，便于客服人员管理。订单分为待确认、已确认、已入住、已付款、已离店、已取消等多种状态，方便酒店管理和统计订单情况。订单来源详细划分电脑端、微信端、APP客户端、手机端等，方便网站和酒店管理及统计订单情况，为网站进行全方位营销推广提供数据分析依据。

客房订单可按照房间名称、预订时间、入住时间、离店时间、预订人姓名、预订手机、订单号等方式进行订单检索查询统计，可批量删除、导出excel表格、打印订单。

10. 互动式点评，提升酒店真实入住体验

客人预订前可以在线咨询酒店客服，咨询自己关心的问题。互动式点评，多种互动式交流方式，便于酒店及时收集客人反馈的意见和建议，从而提升酒店服务质量，以便更好地为酒店客人服务。同时也便于客人入住前了解其他客人的入住点评和体验，为自己的预订提供有价值的选择参考。

11. 点评奖金独立设置

网站后台可以轻松设置每间客房点评奖金数额，客人入住后还可以发表酒店点评、分享酒店印象、赢取点评积分、申请积分提现。

12. 客户数据分析大数据监控

管理员可以通过后台饼状图和柱状图以及全国数据地图来进行客户数据分析，可以直观地看到订单来源分布、每月订单走势、用户所在地分布图，进行大数据分析和监控。

三、系统主要功能模块

1. 网站优化设置系统

网站基本设置，网站名称设置，网站版权信息修改，可进行网站SEO优化设

置，设置网站标题、关键词、描述等信息，每个栏目和内容页可以分别独立设置，让您的网站更快被搜索引擎所收录。

2. 支付设置系统

系统支持支付宝、财付通、网银在线、快线、易宝、环讯等国内外常用支付接口，后台配置，前台即可开通，轻松便捷。客房支持选择到店支付或者在线支付两种模式，自由切换。

3. 短信设置系统

客人预订订单的提醒，订单处理成功的提示，都可以使用短信来完成，一次预订流程，系统会发送2次一共3条提醒短信，后台可以设置短信模板。在会员注册、订单提交、订单确认等环节，系统会自动给访问者和网站工作人员发送手机短信通知。

4. 酒店信息子系统

提供酒店自助管理功能，每个酒店可凭自己的密码自主管理本酒店信息，减轻网站维护工作量。可以任意添加无限数量的酒店，酒店的基本信息包括酒店名称、星级、城市、联系方式、行政区、商业区、交通情况、周边景观、地图、基本情况、入住要求、餐饮、会议、娱乐、服务等设施说明，同时每个酒店有自己的相册管理。每个酒店下可以添加无限多个房间，每个房间可独立设置床型、宽带情况、早餐情况、门市价、会员价等。

5. 酒店订单管理系统

客人可以根据需要选择适合自己的房型。具体流程为：酒店会员能够在线填写客房预订表单，订单以电子表单形式发送到网站后台，保存在网站数据库中，管理员可以打开网站后台查看订单详细信息，并进行订单查看、处理、删除等操作。酒店管理员也可以登录酒店会员后台查看本酒店的订单详细信息，并进行订单查看、处理操作。涵盖业务流程多种订单状态设置，方便业务管理（未确认、已确认、未付款、已入住、已支付、已离店、已取消等）。有强大的订单查询、统计功能。

6. 客户会员子系统

本系统运用会员制度来为更多客户做更为全面的服务。会员首先要分为几个等级，通过这种层层相扣的会员制度来让不同等级的会员享受不同折扣的优惠，对会员提供更为全面、更为统一的管理服务。

7. 客房、房价管理系统（平日、周末、特殊日期价格、房态维护）

网站管理员和酒店管理员可在后台添加、删除、修改客房、客房简介、配套设施与服务、房价、图片等客房信息。后台做操作后，前台查询页面会自动做相应的改动。

酒店日历价格设置：可以通过日历可视化批量输入酒店全年价格和平日价及周末价、特殊日期价格，维护方便，一次设定不需要定期修改。

酒店满房状态设置：可以自由设置满房状态，无需人工守候，方便客户查询。

客房信息自定义菜单设置，可以对床型、早餐、上网方式等信息进行增加、编辑或删除。

8. 酒店点评管理系统

点评管理系统提供了一个公共的信息反馈平台。在这一栏目中，入住酒店后的客人登录会员中心可以就所关心的产品、服务等提出自己的问题或表明观点、感受等，发布对酒店的真实入住体验点评。住客可以在此与酒店交流，也可以提出对酒店服务的满意程度和各种建议。酒店管理员和网站管理员可以针对客人的点评进行查看、审核、回复、删除等操作。网站管理员可以自由设置点评奖金金额等信息。客人可在会员中心查看自己的点评奖励情况。

9. 财务管理

网站管理员可以查阅个人会员积分流水、申请提现记录以及提现处理全部流程情况。在这里可对个人会员申请提现的请求进行核对和管理操作。对达到提现资格的用户可以审核通过，并在线下完成汇款提现工作。

系统设置完整的积分获取、增减、提现流水和记录，方便管理会员积分消费和提现。

10. 微信管理

通过微信接口可以直接对接微信开发者平台，对接成功后，可以更新图文素材和文字素材，以及微信自定义菜单项目，并可以查看关注的会员以及会员的分组情况，并通过技术开启营销活动（刮刮乐、大转盘）。

11. APP客户端管理

APP客户端维护功能，可以推送APP最新客户端给用户，并通过接口编辑APP的文字内容和描述，控制APP前端广告内容图片，实现电脑数据和APP客户端数据的同步更新。

12. 大数据管理系统

数据分析管理系统聚合酒店住前、住中、住后全量数据，涵盖订单来源、客流区域分布、客户体验、价格设置、客户满意度、会员发展、CRS（中央预订系统）等，通过对数据的收集、整理和分析，实现可预测、可指导，也就是"数据化管理"，便于网站运营者进行科学决策，洞察企业经营情况，支撑决策，采取行动，优化管理过程。

13. 酒店地图定位系统

可以根据客户要求提供主流地图系统（系统支持百度地图API）的地图标注服务，以及酒店按照地图位置进行精确查询。

14. 城市拼音智能匹配

后台录入酒店城市，可以自行添加编辑城市，前台自动智能匹配拼音检索。

15. 新闻管理系统

新闻发布系统，是将网站需要经常变动的信息，类似行业动态、酒店新闻、促销信息等更新信息集中管理，并通过信息的某些共性进行分类，最后系统化、标准化发布到网站上的一种网站应用程序，轻松实现各种信息资讯的发布、修改、管理、添加、删除、找回以及所属栏目的修改、删除。

16. 网站辅助系统

网站具有友情链接、网站流量统计系统、广告系统、人才招聘、单页管理、网站权限管理、邮件设置、在线客服、商业授权、二维码、电子地图等常见辅助系统。

四、网站建设的要点

一个好的网站会增加用户对酒店的信任度，是用户了解酒店的直接途径之一。因此，在网站建设时，要注意以下要点。

1. 首页设计有特色

首页的设计要突出酒店行业的特殊性，具体要求如下。

（1）在设计上尽量个性化，并以动画来展示酒店的整体形象，方便浏览者多方位了解酒店。可简要说明酒店的概况、特色、接待能力和服务宗旨，还可以介绍酒店的一些成功案例及接待过什么样的人物与举办过的某些大型活动。如图2-45所示。

图2-45　酒店网站首页设计界面截图

（2）在房间介绍中，可推荐几个不同档次房间来满足不同层次的消费者。

（3）在方案实现上，可结合图文效果更直观地展示。

2. 慎重设计域名

酒店网站的域名，就像每个家庭的门牌号码一样，既要好记，又要好听，可以采用数字、拼音、英语、缩写的形式。一个好的域名应该具有简洁性，避免过长的字符导致记忆的困难。设想一下，用户想浏览你的网站，但是域名记不牢导致反复输入也无法准确访问，那样用户就会烦了，转而选择同行酒店网站好听、好记的域名去解决需求，那样就得不偿失了。

此外，域名还应该考虑到网络的国际性，兼顾国际的用户。域名具有唯一性，一个域名一旦注册成功，任何其他机构都无法注册相同的域名。域名是酒店网站重要的网络商标，在网络营销中起到酒店网站标识的作用，在进行域名的命名时，要考虑到域名与酒店网站的名称、标识相统一。

运营指南

一个好的域名，事关未来酒店网站网络品牌形象成功树立的大局，也是网站权重与后期打响网站品牌的关键因素之一，所以选择域名要三思后再做决定。

3.具有行业共性

建设一个网站，首先考虑酒店所属的行业特点。

比如，我们随意在网上搜索下酒店行业，在跳出来的各个酒店网站中点击，你会发现，同一个行业的网站，或多或少的都存在着共通之处，有的是网站的设计风格类似；有的是版面、布局类似；有的是栏目架构类似。

这些共通点，象征着同一个行业的共性，也是用户对这一行业所熟悉的部分，所以，某些共通点是酒店在建设网站时需要借鉴和参考的。

酒店网站建设，会有其根本需求，具体有以下几种。

（1）有的酒店把网站作为网络品牌的形象，所以注重品牌的塑造，重视页面的设计感。

（2）有的酒店用网站来销售公司产品，在网站设计上不强调浓重的设计感和创意，而是重点突出产品的展示和销售。

（3）有的酒店突出网站与用户的互动性，采用Flash游戏、360度全景、3D等效果增强网站的趣味性等。

总之，每个网站都有自身的行业特点及酒店网站本身的建站需求，想要建设一个适合酒店网站自身的网站，就需要在建站前明确好网站建设的主题方向，莫求大而全，也不要盲目追随，要根据自身实力做好相应判断，为酒店网站建设定好位。

五、酒店网站本地化技巧

酒店要想推广自己的特色，突出地方体验，就要确保自己的网站能鼓励潜在客户直接预订，具有引人入胜的在线旅游资源。对此，酒店可按图2-46所示的技巧来将网站本地化。

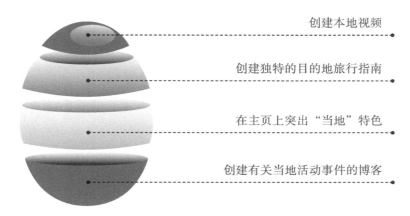

图2-46　酒店网站本地化技巧

1.创建本地视频

根据Google的游客决策报告，66%用户在进行旅行决策时，会观看有关旅行的视频。因此，如果酒店的主页有视频内容，就可以在瞬间吸引观众，激发他们幻想在入住酒店期间可以进行什么样的度假。

酒店可创建一个简短的视频，内容可展示本地最好的景点介绍，如各大公园、徒步旅行线路、当地热闹的夜生活、文化亮点或距酒店几步之遥的美丽沙滩等。或者多捕捉当地节日活动的镜头，如美食节、现场喜剧演出、艺术展览和农贸市场等，把目的地包装为全年任何时候都有丰富多彩的特色活动。这种引人入胜的视觉享受能够给客户充分的理由进行最后的酒店决策，并刺激他们一步步做出其他预订决策。

2.创建独特的目的地旅行指南

虽然宣传视频将让游客对酒店有所了解，但是要想让客户对附近的景点有更深刻的了解，还需创建一个专门页面。

这点上酒店可借鉴Airbnb的成功经验，Airbnb做了以此为主题的指导手册，每个手册都展示了Airbnb房主推荐的最好的本地景点。每个景点都包括书面说明，并在地图上标明距离酒店多远，并附加景点官方网站链接。一个专门的页面可作为游客的"导游"，带领游客预演一遍目的地旅程。但更重要的是，它可以把酒店定位为住宿之余，游客在停留期间可以信赖的有益又知识丰富的一大资源。

3.在主页上突出"当地"特色

据统计，55%的用户在网站停留的时间少于15秒。因此，在用户打开酒店主页的那一刻，就要呈献给他们一个令人信服的留下来的理由。

虽然客户浏览酒店网站，明显是为了了解房间和配套服务设施，但酒店主页可以做得更多，它可以突出独特的本地体验，让客户心动，成功给他们留下深刻印象，让游客了解此行的价值。在主页中加入目的地的特色简介也许能帮助酒店在同行中脱颖而出，与众不同。酒店只要在第一时间激起用户的兴趣，就能成为用户深入了解酒店的强有力的理由。

4.创建有关当地活动事件的博客

毫无疑问，维护一个博客是需要时间的，但只要方式得当，它就能够成为宣传酒店附近景点强大的资源。当然，酒店在进行内容创建时，换位思考客户真正在乎什么样的体验是很重要的。浏览点评网站，并要求客户反馈是收集有益意见的一种简单方法。

酒店可以写一些非常受欢迎的音乐表演场地、当地人喜爱的美食餐厅、热门话题、顶级免费家庭出游景点，或者逃避人群的最佳海滩之类的内容。

新文章除了可将游客吸引到酒店网站，同时还可为电子邮件营销提供灵感。个别文章还可以经重新包装成为一个完整的目的地指南，为订阅了该信息的用户提供免费下载。

> **运营指南**
> 通过建立鼓舞人心的内容来将酒店网站本地化，潜在客户预订酒店的理由也将不只是房间是否舒适。

第五节　团购营销

随着电子商务的快速发展，团购已成为时下人们热衷的一种新的购物方式，酒店团购也随之悄然兴起。

一、网络团购的认知

团购（Group Purchase）就是团体购物，指认识或不认识的消费者联合起来，加大与商家的谈判能力，以求得最优价格的一种购物方式。根据薄利多销的原理，商家可以给出低于零售价格的团购折扣和单独购买得不到的优质服务。

团购作为一种新兴的电子商务模式，通过消费者自行组团、专业团购网站、商家组织团购等形式，提升用户与商家的议价能力，并极大程度地获得商品让利，引起消费者及业内厂商，甚至是资本市场关注。

与传统购物相比，网络团购具有图2-47所示的优势。

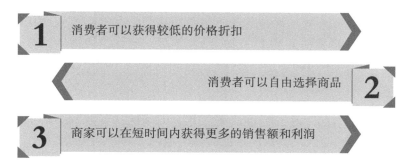

图2-47　网络团购的优势

图示说明：

（1）这是团购的最明显的优势，团购的商品相对于商场价都是相对较低的，同时大量的消费者参与到团购中来，主要是期望通过集体购买获得较低的商品折扣。

（2）消费者可以根据自己的喜好在合适的时间选择自己喜欢的商品。很多导购类团购给消费者带来更多的便利，其信息覆盖广，相对一般的团购网站具有比较功能，因此有更加明显的优势。

（3）网络团购中聚集了大量的消费者，购买数额较大，可以加快经销商的出货速度，降低厂商的库存，提高存货的周转率和现金的周转率，从而提高企业的利润空间。

二、酒店团购的特征

酒店团购具有图2-48所示的特征。

图2-48　酒店团购的特征

1.价格较实惠

比如，在北京，398元可以购买北京国际饭店（五星）一份原价2990元的商务层标准间客房，而当地五星级饭店的平均房价在800元以上，显然，团购网站标示的酒店产品价格十分诱人，有些团购产品折扣甚至低于1折。如此低廉的价格，为团购酒店招徕了成百上千的消费者,也为酒店赚得了更多的利润。

2.时间有限定

只要登录酒店团购网站,就会发现团购产品都有限定的购买和使用时间,通常购买时间为2～20天,消费时间为1～2个月。然而,随着团购市场的激烈竞争,很多团购网站甚至推出了秒杀活动,而其秒杀价格有时会远远低于团购价。

3.数量有限制

许多酒店会限定团购产品的最低团购人数,以确保达到薄利多销的效果。倘若购买团购产品人数达不到最低人数标准,那么此次组团交易行动失效。

4.交易较便利

网络团购酒店产品是一股新的潮流和时尚,只需要几分钟的时间就可以完成交易。简便的交易流程,使消费者足不出户就能购买酒店产品,不仅打破了传统的交易模式,还大大缩短了交易时间,受到当今社会的白领阶层、大学生、年轻人群的青睐。

三、酒店团购的优劣势

酒店团购与传统在线酒店预订方式相比,主要优势如图2-49所示。

图2-49 酒店团购的优势

1.增加酒店的预订量

网络团购利用网络的大量用户,采用低价折扣的方式,吸引了更多客源,增加了酒店的客房预订量,带来一定的收入。

2.提高酒店的知名度

酒店在各网站发布团购消息时,是免费地做一次广告,尤其是在一些知名度高的团购网站,大量的点击率也会提升酒店的知名度。

3.节省营销费用

如果网络团购做得好,会节省大量的营销费用,比如广告费等。

4.树立酒店的口碑

使用网络团购的人乐于根据自己的体验评价在酒店所接受的服务,并喜欢在各社交网站分享自己的体验,也善于在自己的交际圈内传播经验。所以做好网络团购,会让酒店增加更多的潜在客源,让酒店得到更好的传播,树立一定的口碑。

5.顺应消费趋势

当下旅游变成一种热门活动时,伴随出现的各种网络团购活动也变成一种时髦消费,比如出游前团购好景点门票、团购好酒店。这符合旅游者提前做计划的心理。酒店的行为需要最大化地迎合消费者的需求才能获得更长久的收益。

四、酒店团购易出现的问题

通过网络团购,消费者能够获取高额的消费折扣,酒店也能够在短时间内吸引大批消费者的关注和追捧,获得巨大的收益,是近两年比较"火"的促销方式。然而,"火热"的背后也隐藏了许多问题,具体如图2-50所示。

图2-50 酒店团购易出现的问题

1.价格打折,服务也打折

目前酒店业各种成本高企,在团购的低价压力下,有些酒店高品质的服务也因"低价"团购打了折扣。

> 比如,澳洲龙虾变成小龙虾,牛扒变成鸡腿,浓汤变清汤……这一切都会让酒店的服务形象和口碑受损,最终得不偿失。

2.房价比拼形成价格战

近年来,经济型酒店加入了团购的战团,房价一个比一个低,不少都以百元房来吸引眼球。而这些所谓团购,只是单纯降价,却没有运用销售策略,最后变成了新的一轮价格战,形成了恶性竞争。

3."货不对版"引发投诉

参与客房团购的酒店,不少是未评定星级的酒店。为了吸引眼球,它们通常放到团购网上的照片非常精美,但客人到酒店后,却往往发现货不对版:房间没有照片中看上去那么大,设施也比较陈旧,卫生条件也不好,从而引发客人投诉。

部分高档酒店,则被一些不法商家利用,借酒店的知名度在团购网站上虚假炒卖酒店的自助餐券、住房券。消费者购买时却往往会遭遇消费陷阱,付了钱却拿不到"货",进而投诉酒店,使酒店无端受到牵连。

酒店的客房在淡季常常会打折销售,但一些精明的消费者会发现:团购的价格或许还没有在第三方网站预订的价格"给力",并不是只要"团购",就能拿到"最低价"。

超负荷运转让酒店得不偿失。一些酒店太依赖团购促销,而没有对每天的团购数量进行控制,导致房间及餐饮常常处于爆满状态,甚至有时还会发生超额预订的情况。结果,搞卫生的员工劳动强度大增,设备设施老化损耗加速,环境卫生质量下降,客人轮候时间过长……

五、酒店团购的发展策略

对于网络团购这种促销方式,酒店经营者应避免"拿来主义",要寻求真正适合自己酒店的团购模式。具体策略如图2-51所示。

图2-51 酒店团购的策略

1.低价也要限量

网络团购的成功之处在于通过数量控制,来让更多的用户去传播和推广以低价所体验的高品质的产品。酒店可以把部分宣传费用，补贴到团购售价与实际售价的价差上，最终实现多赢的局面。

> 比如，国外著名的Groupon网，其营销模式的独特之处在于：每天只推出一款折扣产品，每人仅限购买一次，运用激励机制让用户主动传播团购信息。其有数量的限制，并且要求客人提前预约。

酒店管理方可以通过收益管理的方法，通过市场细分，对团购市场的消费者行为进行分析、预测，确定最优价格和最佳存量分配模型，实现收益最大化。事实证明，无限制的团购只会给酒店带来"灾难"。

2.应做打包价而不是超低价

在国外团购网站上，我们常常可以见到高级豪华酒店的身影，而在我国的酒店团购网站，见到最多的往往是经济型酒店。

网络团购并不能一味追求低价，这样容易造成"价低质低"。在中国，酒店业对团购这一促销方式更强调的是成本控制，而不是运用收益管理的方式和方法来促销，这显然是错误的。要知道，价格便宜并不是吸引消费者的唯一因素。

对酒店来说，团购超低价可以适用于服务单一的酒店，例如经济型酒店。而对于完全服务型的酒店而言，网络团购应该使用打包价，即通过打包让酒店闲置的资源有效地利用起来，为酒店创造更多的价值。

> 比如，广州九龙湖公主酒店公主小镇客房（双床/大床）一间入住一晚+中西式自助早餐2份+龙泉水疗馆门票2张（含养生自助餐）+龙吧德国自酿啤酒2杯+康体项目，市场价：2584元，而团购仅需1088元。如果纯订房，价格肯定比1088元低，但是客人可能会到酒店外面用个简单的午餐，客人留在酒店的时间也相应减少，最终酒店的各种配套设施有可能被闲置。而通过这种打包出售，看起来是让利给顾客，但却盘活了酒店的资源，让酒店得到了更多的收益。

3.应注重团购的差异化

不少酒店服务产品单一，甚至雷同，虽然加入了团购的战团，却常常不容易被顾客记住。而如果团购网站上同类型的酒店太多，则容易混淆客人对酒店的选择，因此，酒店团购需要独辟蹊径，去寻找不容易被模仿的团购模式。

> 比如，可与酒店附近的景点合作，团购酒店产品并赠送景点门票。事实证明，强调酒店地理位置的优越、服务设施的齐全、服务的周到，比强调价格优惠更具有吸引力。

4.让客户主动传播

部分酒店为了迅速打开市场,常常会加入多个团购网站,认为销售渠道越多越好,产品越多越好,既没有对团购网站的情况做一个分析和比较,也没有对团购产品进行筛选,有的酒店甚至会签订多个团购方案,让客人眼花缭乱。其实,网络团购真正的意义在于降低客人的消费门槛,让更多的人去进行消费体验,并通过良好的口碑传播,取得良好的宣传效应,而不是处处开花,信息满天飞,让人不知所措。

5.对消费人群精准定位

目前,高档酒店消费者更加注重消费品位,团购的低价往往与消费者的定位有冲突,导致高端消费者隐性流失。因此,酒店在设计团购产品时,应该充分考虑目标消费群体的特点,设计团购产品一定要谨慎,可根据高端消费人群的消费习惯,选择在合适的网站上投放合适的团购产品,要注意这部分人群注重的不是低价,而是高性价比,这样才能产生更大的影响力,为酒店带来更多的收入。

> 团购营销是互联网时代发展的产物,是酒店必经的一种营销手段,酒店业必须与时俱进,合理运用网络团购,发挥它的最大作用,给酒店创造最大收益,并充分利用网络团购赢得口碑,树立酒店的品牌形象。

相关链接

后团购时代,酒店业如何做好团购营销

团购,作为中国O2O模式初期发展的一种典型形态,通过为实体商家提供线上营销,以低价吸引用户线上预订,并到线下获得无形的服务产品,团购网迅速影响着大众的消费习惯和商家的经营模式,成为时尚人群极力追捧的消费方式。

然而,低门槛、同质化等带来的恶性竞争,加上不计成本的线下资源争夺和圈地,"倒闭、裁员、瘦身、转型……"团购市场在短暂的疯狂之后,过早地迎来惨烈的行业洗牌。浮华与低潮过后,团购开始沉淀和修炼。后团购时代,酒店业是否还将持续自己的团购营销?怎样更好地走好接下来的团购之路?

1.慎选团购合作对象

由于团购网在中国门槛过低,造成诚信体系问题凸显,良莠不齐的网站着实令人产生信誉上的担忧。另外,团购网站间的恶性竞争或者倒闭会严重连累酒店经营。所以酒店在选择团购网进行合作时应综合考量,要优先考虑知名度和公司规模以及成立时间,对于业务量较小的团购网站,则需慎重考虑。

2.团购业务比例要科学，切勿透支未来利益

对于酒店，尤其是新酒店来说，团购的确不失为一个方便快捷的宣传和销售渠道，能够帮助他们在短时间内扩大顾客来源。如今越来越多的高端酒店加入团购行列，但是酒店团购真的能给酒店带来盈利吗？调查显示，参加团购的酒店多数是抱着"试水赚口碑"的目的，实际来说并未有多大的收益。团购业务是否要持续而行、团购比例如何都要根据酒店自身的发展战略而定，在以大幅度的降价来获取客源的时候，切记对团购比例和价格进行合理、科学的分析策划，莫要透支未来的收益。

3.低价的团购能否享受"原价"的服务

毋庸置疑，参与团购的消费者大多都是冲着低价而去，但是，以超低的价格吸引入住率的同时，很多酒店却不能提供"原价"的服务。

首先，是时间限制，很多团购者在入住时被告知"要提前一天预约"，然而在提前预约时酒店人员又说"房间都已订满，只有少数几日可挑选"。

其次，是房间的限制，很多前来体验的酒店团购者都有着不满意的经历，"团购的房间朝向不好，问酒店是否可以调，酒店方面说团购住客只能入住指定的客房，不能自选"，"团购酒店位置较差，平时住客少，感觉房间很久没有打扫过了"，"我跟朋友住的一个标间，竟然只给一张房卡。"等。

酒店对团购者的"区别对待"会直接将酒店团购的原始理念曲解，团购最重要的目的之一就是加强酒店的宣传，提升酒店口碑和品牌形象，如果不能保证跟原价一样的服务，那么团购的本身意义也不复存在，"打折的价位，不打折的服务"才是团购的真谛。另外，酒店可将自己特色或者最新推出的服务进行团购，比如客房最新安装了"智慧e房"，则可让客人低价享受现代化数字客房，并让其体验后进行评价和分享，若有了"智慧酒店"的称号以及客人对高质量服务的认可，那么酒店自身的档次和声誉势必会更上一层，达到意想不到的宣传效果。

4.团购仅是传统模式的补充，莫要将其"神化"

团购网站来势汹汹，酒店团购持续发力，但是，酒店团购是否能成为今后酒店经营的主要营销模式？答案是否定的。业内人士表示，酒店团购作为一种收益管理的工具，只是在淡季提升入住率的一种手段，对酒店业的主要营销模式和价格体系并不会有太大的影响，团购一般只能够选择酒店淡季进行，旺季无法提供那么多的低价客房。

CHAPTER THREE 第三章　互联网+酒店与OTA

导语：

OTA是旅游电子商务的专业术语，指在线旅行社，以携程网、艺龙网、同程网等为代表，主要为用户提供咨询和订购服务。在OTA模式下，游客可以在网络上咨询星级酒店住宿并订购星级酒店。

第一节 OTA模式对酒店的影响

一、什么是OTA

OTA，全称为Online Travel Agency，中文译为"在线旅行社"，是旅游电子商务行业的专业词语，指旅游消费者通过网络向旅游服务提供商预订旅游产品或服务，并通过网上支付或者线下付费，即各旅游主体可以通过网络进行产品营销或产品销售。

1.OTA的意义

OTA的出现将原来传统的旅行社销售模式放到网络平台上，更广泛地传递了线路信息，互动式的交流更方便了客人的咨询和订购。

2.国内OTA的代表

国内OTA的代表为：携程网、去哪儿网、艺龙网、同程网、美团网、驴妈妈旅游网、百酷网、乐途旅游网、搜旅网、途牛旅游网和易游天下、快乐e行旅行网、驼羊旅游网等。

OTA的发展起源

1996年10月，微软悄然推出了一款改变了消费者探索模式、旅行计划和预定行为，同时包括酒店住宿在内的新产品。作为第一家OTA，当时名为Microsoft Expedia Travel Services的成立影响了整个酒店业，同时也一直在随着日新月异的市场而不断改变着。

在过去的20多年间，作为一个分销渠道的合作伙伴，OTA的出现对酒店业产生了极其深远的影响。这种关系还会持续发展和变化。

自从20多年前OTA问世之后，Expedia一直在有机地成长着，并通过一系列并购成了行业内最大的OTA，紧随其后的是Priceline集团和中国的携程。

二、OTA对酒店业的贡献

OTA本身就是一个连接客人与酒店的桥梁，凭借着强大的营销能力、丰富的产品信息、便捷的预订方式、快捷的支付手段以及有保证的赔付政策聚集了众多的会员，而触网能力正是传统酒店所缺乏的，OTA正好弥补了这方面的不足，不仅给酒店带来众多客源，也成为酒店的品牌营销、展示推广渠道。可以这样说，OTA对酒店行业的发展做出了巨大的贡献，具体如图3-1所示。

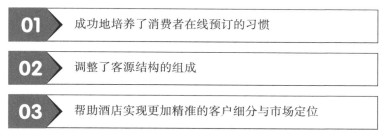

图3-1　OTA对酒店业的贡献

1.成功地培养了消费者在线预订的习惯

携程在早期通过地推的模式进行会员引入，到后期通过网络订房可以获取3倍积分是一个从线下转线上的关键点。传统的酒店人在这个阶段，还没有预测到未来客户消费行为习惯的改变，所以OTA在这个阶段真的做了一件对中国消费者非常有贡献的事情，通过前期对市场的培育和投入，深耕市场，不断去培育消费者习惯，这个习惯是指让客户通过电话或者PC端去做预订来更方便地找到住宿体，它变成了客户和住宿体之间的渠道。

2.调整了客源结构的组成

对外国客人及异地客的引入，改变了住宿业单体顾客覆盖的范围。

> 比如，上海中星君亭酒店，2015年度67%是外宾，东南亚、欧美等世界范围的客户都有，按照传统的销售思维与模式，是不太可能实现这样的销售覆盖的。

把OTA当作一个重要渠道或者合作伙伴，从这个视角来对待它，就会发现它对企业有很大的帮助，可以做很多企业无法做到无法实现的事情。

3.帮助酒店实现更加精准的客户细分与市场定位

随着OTA全网信息透明度的增加，酒店的市场定位和客户细分就十分关键。尤其是智能移动端消费出行的习惯形成后，酒店的市场定位与客户细分需要更加精准。

> 比如，某酒店针对500元左右的客户群，客户在移动端选择的时候有多品类，500元+目的地+想要的某种类型，通过多种叠加的入口来寻找一个独特的产品，这种情况也只有在多品类的时代才能带给消费者这样的选择结果。

多品类是只有在平台上实现的，但这样的选择方式对酒店的定位需要更加精准。客户定位模糊、价格定位范围广泛的市场模式将不再适用。

三、OTA带给酒店的积极影响

在过去的20多年，作为一个分销渠道的合作伙伴，OTA的出现对酒店业产生了极其深远的影响。不可否认，由于OTA的高点击量，对酒店业产生了积极影响，具体如图3-2所示。

图3-2 OTA带给酒店的积极影响

1.改变了酒店方的销售模式

酒店传统的销售方式主要是官网销售和前台销售，模式单一并且不方便。许多中小型酒店并不具有自身的官网，或者官网的知名度低，以及官网建设的不完善性给予了客户不好的用户体验，导致线上销售的概率较低。前台销售主要分为电话预订和当面预订，这两种方式都具有一定的局限性，如对酒店电话的了解程度、当面订购的地理局限性等，使顾客消费一定程度下降。

而OTA作为新的平台，作为中间商来进行销售，提供给顾客自主下单的权利，让顾客便捷地获取相关信息，轻松地对比同等酒店的优劣势，同时带给了顾客新鲜的用户体验。

2.提高了酒店的销售量、知名度

相关数据表明，在万豪和希尔顿这种大型酒店中，线上销售占所有收入的30%，这表明OTA所带来的顾客消费不容小觑。

一方面，OTA作为代理人调整酒店住房、餐饮、娱乐消费的价格，使酒店产品低于官方价格出售吸引消费者消费。另一方面，OTA方举办的一些优惠活动，如"一元抢购酒店"，或者酒店消费优惠券、团购活动等使销售量大幅度增加。

对于外地旅游者，对当地的酒店并不熟悉时，OTA上的销售数量排名、用户体验好评等都类似酒店投放的广告，增加了酒店的吸引力，顾客选择酒店增加了酒店的销售量，同时有可能产生口碑的相传，甚至微信等公众平台的信息分享增加了酒店的知名度，长久看来，也会增加其销售量。

3. 降低了酒店的销售成本

对酒店来说，OTA降低的成本主要体现在图3-3所示的几个方面。

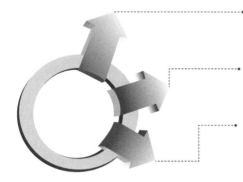

- 顾客的自主下单降低了对销售人员和销售时间的需求
- OTA的广告效应降低了酒店方在宣传上的部分投资
- OTA带来的销售量让酒店空余房间数量下降，尤其是旅游淡季时，让酒店增加了入住率，使闲置客房不闲置，以合理价格出售，降低了每间房间的平均成本

图3-3　OTA降低酒店销售成本的表现

四、OTA带给酒店的消极影响

随着电子商务的不断发展壮大，酒店行业的直销模式受到了前所未有的冲击，而OTA分销模式也在酒店销售的大环境中显现出了诸多的弊端，给酒店行业带来了消极的影响，具体如图3-4所示。

图3-4　OTA带给酒店的消极影响

1.破坏了价格规则，降低了酒店利润

近年，各个商家之间为了竞争和挤兑彼此，狂打价格战，比如携程与艺龙之间的价格战尤其突出。无规则地降低价格使酒店正常的销售价格显得很高，同时可能让酒

店方之间也形成了一种价格竞争,迫使其也跟随OTA方一定程度地下调定价。OTA方在压低酒店产品成本和收入的同时,还收取大量的佣金,这让酒店方的利润减少,原本多出来的利润成了OTA方竞争价格战的牺牲品,成全了消费者。

> 比如,一间底价300元的经济型酒店客房,OTA以15%的佣金或更多去做促销或"返现",可能只卖到255元或更低,这样就打破了酒店自身的定价体系。

除此以外,价格战还让顾客去寻找更便宜的酒店,对同一酒店的忠诚度降低。由于OTA价格低于市场平均水平,老顾客也因为价格产生不满,经常消费的结果不如OTA网站来得实惠。长此以往,酒店就会失去部分回头客。

2.影响酒店的品牌效应

这点主要针对高档酒店,入住高档酒店的顾客一般属于高消费人群,对价格并不会太敏感。他们在享受酒店方提供的优质服务的同时,也会享受高端酒店所带来的尊贵感和虚荣感。而OTA方提供的优惠让顾客觉得跟随价格一起降低的还有酒店产品的质量,尊贵感也会荡然无存,久而久之,让酒店的品牌效应下降。

3.使酒店销售带有不确定性和隐藏弊端

OTA使酒店销售带有不确定性和隐藏弊端,主要体现在以下两点。

(1)顾客通过线上订购,不知道其具体入住时间以及特别要求,当顾客前来住宿时,可能发生无空余房间,或者不能满足其要求等,顾客可能会退订甚至形成不好的消费印象,这让线上酒店销售带有不确定性。

(2)消费者得到好的服务时可能只有极少的人选择给予好评,而受到不好服务时给予差评的概率极大。顾客选择酒店时参考的一大因素就是各种网站上的用户评价及满意度,这样往往会出现由于一个差评导致以偏概全的情况,从而降低酒店的声誉以及认同度。

第二节 酒店与OTA合作

OTA天生具有互联网轻资产运营的基因,而酒店宾馆是重资产运营,双方通过互联网联系起来,本质上是一种异业跨界联盟,双方各取所需,合作共赢。下面以携程、艺龙、同程、去哪儿为代表,介绍酒店与OTA的合作。

一、与携程旅行网合作

携程旅行网创立于1999年,总部设在中国上海,员工30 000余人。作为中国领先的综合性旅行服务公司,携程成功整合了高科技产业与传统旅行业,向超过2.5亿会员提供集无线应用、酒店预订、机票预订、旅游度假、商旅管理及旅游资讯在内的全方位旅行服务,被誉为互联网和传统旅游无缝结合的典范。

携程在全球200个国家和地区与近80万家酒店建立了长期稳定的合作关系,其机票预订网络已覆盖国际国内绝大多数航线。规模化的运营不仅可以为会员提供更多优质的旅行选择,还保障了服务的标准化,确保服务质量,并降低运营成本。如图3-5所示。

图3-5 携程网站界面截图

(1)携程的产品特色。携程的产品线覆盖了"食、住、行、游、娱、购"六大方面。当消费者通过携程预订酒店时,通过攻略、团购等方式,携程将主动向其推荐该酒店的特色美食。值得一提的是,凡是有餐厅上榜"携程美食林"的酒店,都会被标注上"美食林"的标签,并展示在携程酒店的预订页面,供消费者选择。

> 比如,南京金陵饭店不仅是人气旺盛的五星级酒店,旗下梅苑餐厅也被评为"美食林一星",预订页面上增加了"美食林"标签,消费者便对酒店有了一个全方位的了解。

伴随旅游消费升级,除"机+酒""景+酒"套餐之外,消费者对目的地用车、当地玩乐等需求日益上升。携程拥有业内最丰富的产品线,借助"酒+×"的合作模式,可帮助酒店为消费者提供更具全面的产品和服务。

（2）携程的优势。截至目前，携程已同全球超过100万家酒店建立长期合作，采取全方位合作，具有多种住宿业态和酒店业务。全平台覆盖，为6亿用户提供预订服务，月均预订量超过2500万间/夜。

（3）携程的加盟流程。携程的加盟流程非常简单，点击"携程官网"的"酒店加盟"，按要求填写相应信息即可。如图3-6所示。

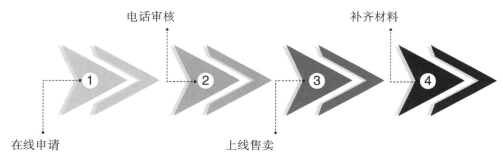

图3-6　携程的加盟流程

四大酒店集团和携程深化合作完善新型酒店生态圈

2016年11月23日，携程大住宿事业部与四大酒店集团——铂涛、如家、华住、锦江就双方深化合作、完善新型酒店生态圈进行了主题研讨会。

"研讨会的内容涵盖市场商务拓展、营销合作、消费者服务、酒店系统管理等。"携程大住宿事业群集团业务部负责人说，"同时，携程也感谢四大酒店连锁集团这么多年来始终和携程保持着紧密的战略合作关系。未来，携程有信心和集团一起引领行业创新，给客户更好的产品和服务体验，给双方更高的合作回报。"

对此，四大连锁酒店均认同：与携程的深度合作，既是对携程酒店战略的进一步补充，也能更好地对各大酒店连锁集团在业绩上进行支持。

连锁酒店期待与携程合作

在交流中，四大连锁酒店集团均期待与携程的合作。

"中高端是未来如家集团发力的重点，在中高端酒店这一块，我们做好对客服务，需要携程给予我们更大的流量支持。"如家酒店集团相关负责人表示，"在中高端的点上，携程的客户和我们的客户是高度重叠的，所以未来如家和携程会合作得更加密切。"

华住酒店集团相关负责人也说，"华住认为分销是不可或缺的版块，携程是我们一直以来非常密切的合作伙伴，华住在酒店智慧化和互联网营销方面和携程还有很多深入合作的机会。"

在上海锦江都城酒店管理有限公司相关负责人看来,"携程和锦江的合作,本质上来讲属于一种良性的竞合关系。这样的关系,一方面是对锦江都城一直以来所坚持的大力发展直销战略规划的借鉴,另一方面在当前酒店行业的竞争和经营环境下,也是对现有客源的一个有效补充。"

铂涛集团相关负责人表示,"我们已经在全产品线上与携程进行了深度合作,包括会员拉新和接下来的会员共享项目。我们认为携程和铂涛在深度合作上还有很多可以挖掘的内容,接下来我们会考虑产品和营销双向合作,把双方的优势发挥到最大。铂涛集团与携程的深入合作,核心是希望培养忠诚于携程的客户对于铂涛旗下酒店各品牌的认知和品牌忠诚度。"

有利于消费者出行与住店

不论是"互联网+酒店",还是"酒店+互联网",如何利用互联网技术对酒店经营与服务作出转型升级是这个行业无法回避的问题。进入互联网时代,首先挑战的是"传递产品价值的属性"。

而在外界看来,携程建设新型酒店生态圈的路上,携程正是在不断传递产品的价值属性。这也是四大酒店连锁集团与携程合作的重要原因。

"携程创立至今,一直在换位思考,希望为消费者带去更好的服务。"携程相关负责人说,"这是携程酒店部门一直在市场领先的最重要因素之一。"

"与携程合作后,对消费者而言,在携程与酒店的生态圈链条上,既可获得更全的信息,还能享受到更便捷的预订服务,降低预订的费力度。"多位连锁酒店人士说,"总之,我们很信任携程的呼叫中心带来的优质服务。"

而下一阶段,连锁酒店将继续享受到携程在创新端的"红利"。"我们已经可以预见到,携程仍会将'创新'基因继续传承下去,并在构建新型酒店生态圈的过程中,不断为消费者、酒店及市场各方带来更多的惊喜和亮点。"业内人士分析。

总体看,携程旅游在国内游、出境游、入境游领域领跑市场。如一些分析所言,"一方面,通过与携程的合作,签约酒店一方面能快速抢占流量入口,增强线上分销能力。另一方面,在更好管控线上分销渠道的同时,也将不断提高消费者预订体验。同时,携程拥有强大的平台优势,可向签约酒店提供更多流量支持。"

二、与艺龙旅行网合作

艺龙旅行网是中国在线和移动住宿服务提供商,致力于打造专注专业、物超所值、智能便捷的住宿预订平台,通过艺龙客户端、PC网站、7×24小时客服电话95711,为消费者提供全球200多个国家110万家住宿及机票、火车票等预订服务。更多详情可以登录艺龙官网。

（1）艺龙酒店产品的优势。目前艺龙旅行网同上百个酒店品牌深度合作，有亿级别的酒店会员，每月单次访问量超过千万人次，可以提供70万家国内国际酒店的丰富内容，包括实时库存和价格。

（2）艺龙的客户体验。24小时呼叫中心服务；绝大多数的酒店订单即时确认；承诺"到店无房，赔付首晚房费"；呼叫中心高达99.7%的客户满意度。

艺龙网界面截图如图3-7所示。

图3-7 艺龙网界面截图

（3）艺龙的合作模式。酒店与艺龙的合作模式有表3-1所示的几种。

表3-1 酒店与艺龙的合作模式

序号	合作模式	具体说明	特点
1	链接跳转	合作伙伴网站、APP或微信公众号通过链接跳转至艺龙的H5页面，并可实现联合登录。即用户在合作伙伴登录后，到达艺龙H5页面时即可成为艺龙的用户。用户预订的业绩将会记录在合作伙伴名下，同时还可以识别是哪个用户的业绩	合作伙伴开发量小，上线快。H5的UI体验与艺龙官方一致，有助于提升成单率
2	API集成	合作伙伴通过服务器调用艺龙开放平台的API，获取产品数据，完成用户的预订，进行订单查询、更改或取消。对用户来说他面对的都是合作伙伴的网站，用户体验一致	合作伙伴预订平台更加自由化，UI\UE可自由定义，数据本地化，有助于合作伙伴进行用户数据分析及营销
3	HBA预订	HBA系统是艺龙自主开发的预订系统，合作伙伴的员工可以通过该系统实现酒店查询、预订、取消、变更订单	合作伙伴无开发量
4	白标网站	艺龙提供一个没有头尾的只有中间内容部分的网站，合作伙伴可以提供自己的头尾进行设置后就做成了一个和自己主站风格一致的酒店频道	合作伙伴无开发量

相关链接

艺龙"酒店库存开放平台"宣布升级上线

2017年4月12日,艺龙旅行网宣布艺龙开放平台升级上线,向各行业开放艺龙覆盖全球200多个国家和地区的75万余家酒店库存,基于艺龙强大的酒店库存和优质用户服务,打造场景化智能分销平台。赋能各行业有自己客户资源和独特营销能力的合作伙伴加入旅游行业,为更多的消费者提供及时便利的住宿预订服务,与更多行业、商户共享在线住宿的黄金时代。

开放平台旨在打通多场景酒店预订场景

相比其他OTA企业,艺龙更专注于在线酒店预订领域,早在2007年底就确定了在线酒店战略。在用户端,随着网络技术的优化,用户习惯悄然发生改变,逐渐从通过电话预订向互联网预订转移,艺龙在业内率先推出PC和移动预订平台,给用户提供随时随地可预订酒店的便捷服务;在商户端,艺龙通过多年的努力,实现了海量酒店签约/在线、酒店图片和基础信息可视化、价格和库存实时更新、订单7×24小时全年不间断运营等多方布局,基本覆盖了所有国内、国际酒店,并提供一流的预订服务。而绝大多数企业都不具备这样的能力,艺龙作为少数发展成熟的企业,从2007年起即率先打造酒店分销平台,把自己多年积累的丰富酒店产品和卓越运营资源共享,使合作伙伴有机会站在"巨人的肩膀"上携手发展,共同拓展在线酒店预订领域的商业机会,为更多的消费者提供服务。

2007年至今,经过十多年的发展,艺龙酒店分销系统已形成多点、多行业开花的分销局面,合作伙伴壮大至数万家。艺龙先后开发出WebAPI、MobileAPI、白标网站、IVR语音转接等接口能力,为合作伙伴提供多种技术解决方案,灵活应对不同合作伙伴的业务需求,使合作伙伴可以自主开发、运营酒店预订业务,更贴近其客户需求。随着时代变革,用户的出境游成为新的旅游经济增长点,国际酒店住宿需求也不断攀升,艺龙又将国际酒店接入分销平台,与更多做国际业务的合作伙伴共享优质的国际酒店资源。

谈及全新升级的开放平台,艺龙相关负责人表示:"酒店分销行业开始得很早,但互联化起步时间较晚,而且对技术的专业程度和平台数据调整能力要求都很高,行业进入门槛较高。平台不智能、盈利模式不清晰、酒店产品服务流程长是行业一直存在的问题。艺龙深耕酒店分销行业近十年,从行业经验、数据、技术各方面让分销智能化得以实现,这次上线的平台正是基于行业痛点,帮助分销商实现与酒店库存的精准对接,以平台化大数据推动整个行业运营效率的提高。"

开放平台能带来更有效率的运营环境

目前,艺龙的分销合作伙伴已覆盖银行业、手机厂商、电信运营商、电商及各工具类APP等30多个行业,为用户提供多场景预订渠道。新上线的开放平台具有

"多、快、透、专"四大特点,解决分销商运营难题,为分销商创造提升效率的开放环境。

其中"多"是指酒店种类多、库存多、业务线多、合作模式多。新上线的开放平台提供艺龙全球200多个国家的75万余家酒店库存。全面覆盖多种酒店预订环境,提供API、白标和HBA等多种合作模式,灵活应对不同分销商的业务需求。

"快"是指平台反应速度快,技术上提供酒店业务的全面开放,能深度集成,数据开放层次深,双向整合不同的平台数据,分销商可以实时查看酒店库存和价格,搜索API简化开发提供预订及后期订单跟踪。

"透"是指平台盈利模式透明且清晰,客人入住即有分成,结算周期短。平台上的交易体系、订单管理体系,帮分销商可以精确、快速了解分销的生意状况,艺龙把酒店预订生意从交易前的酒店库存查询一直到结算分成的整个交易流程,结构化提供给每个分销商,一目了然。

"专"是指平台为合作伙伴提供专业的服务和技术:包含了专业的呼叫中心为用户提供优质售后服务;在技术上提供成熟易用的REST和API及完整的文档和技术支持;多IDC中心、多集群,提供稳定和高性能的服务。

随着社会经济的发展和人们生活水平的提高,旅游已经成为人们生活不可或缺的一部分,旅行住宿行业也进入全盛时代。艺龙作为专业的住宿预订平台,一直致力于让用户享受更美好的旅途住宿服务。现在艺龙通过"酒店库存开放平台",希望可以携手更多各行业的合作伙伴,共同为更多的用户在不同场景下,提供随时随地的便捷预订服务,让更多的人享受美好旅途生活。

未来艺龙基于专业酒店预订专家的定位,将做更多产品、技术、合作的创新,为用户提供更加便捷、智能的服务体验。

三、与同程旅游网合作

同程旅游是一个多元化旅游企业集团,也是中国领先的休闲旅游在线服务商和中国一流的一站式旅游预订平台,正式创立于2004年,总部设在中国苏州,目前在全国近200个城市及海外多个国家设有服务网点。如图3-8所示。

(1)同程旅游的特色。同程旅游以"休闲旅游第一名"为战略目标,积极探索线上线下和体验相结合的"新旅游"模式,在发力机票、火车票、酒店、金融等业务外,积极布局境外游、国内游、周边游等业务版块,目前在中国景点门票预订、邮轮等多个领域处于市场领先位置。

(2)同程旅游的发展。同程旅游的高速成长和创新的商业模式赢得了业界的广泛认可,2014年获得腾讯、携程等机构逾20亿元人民币投资,2015年7月,又获得万达、

图3-8 同程旅游网页截图

腾讯、中信资本等超过60亿元人民币的战略投资,截至2017年8月融资总额已超过90亿元人民币。

2017年12月29日,同程旅游集团旗下的同程网络与艺龙旅行网宣布正式合并为一家新公司"同程艺龙"。

(3)同程旅游的加盟。加盟同程的流程也十分简单,如图3-9所示。

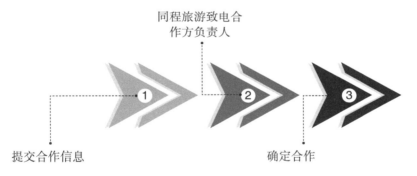

图3-9 加盟同程的流程

同程探索"亲子IP+酒店"跨界新模式

2017年12月5日,同程旅游酒店亲子房新品发布会暨战略签约仪式在苏州举行。会上,同程旅游发布了2018年IP亲子房项目,并与大头儿子文化发展有限公司签署了战略合作协议,宣布将引入热门IP"大头儿子和小头爸爸",为用户在旅行生活中提供更加丰富的体验式场景。

同程旅游酒店事业部负责人表示,"2018同程旅游酒店亲子新品将从线下卡通粉丝见面会、主题房体验区、卡通短片定制、卡通嘉年华、动漫舞台剧、IP亲子课堂等多个方向展开'亲子IP+酒店'的深度合作,寻找IP合作的延展机会。"作为亲子新品的一大亮点,IP亲子主题房改造计划旨在小成本地优化酒店的商务客房,在入住空间中增加卡通元素,贴合目前亲子游的消费趋势,吸引亲子人群的入住。

值得关注的是,IP亲子主题房内的所有物品均可购买,未来的酒店将变成一个个垂直独立的消费体验场所,"所见即所得"。酒店通过融入热门IP和具有IP元素的产品和活动,构建成亲子气息浓厚的驻留场景,真正变成线下体验场所。这种场景营销将改变传统的消费模式,让用户在充满亲子氛围的情境下进行消费,提高用户体验。同时,这也给酒店提供了一个全新的视角,实现酒店这一垂直场景下的"新零售",而且正版衍生品的授权销售也会给酒店方面带来收益。

会上,同程旅游与大头儿子文化发展有限公司签署了战略合作协议,根据协议,双方将充分整合资源优势,开展线上线下活动推广,围绕亲子领域在消费场景、产品包装、专题推广等多个层面展开深度合作,更好、更全面地满足亲子用户人群对酒店产品的多样性需求。

"大头儿子和小头爸爸"以其经典的家庭形象成为家喻户晓的超级IP,并且带来了积木、毛绒玩具、文具套装、儿童餐盘等丰富的衍生周边产品。大头儿子文化发展有限公司负责人表示,"很高兴与同程旅游达成战略合作,双方将资源共享、通力合作,更好地推广'大头儿子和小头爸爸',给孩子们带来更多的乐趣。"

据了解,同程在发布会现场专门开辟了"亲子主题房"产品展示区,让与会嘉宾和酒店合作伙伴更直观地感受亲子的氛围和特色。亲子主题房内的装饰、床上用品、拖鞋以及浴袍等物品,都融入了广受小朋友喜爱的卡通元素。未来,住客不只可以在酒店体验浓厚的亲子氛围,还可以足不出户将喜欢的产品买回家。

当天,同程旅游与全球酒店集团100强、中国本土的高端民族酒店品牌君澜酒店集团达成战略合作协议,双方将通过寻求"IP+酒店"的深度跨界,结合亲子主题,以酒店作为消费场景,探索体验式营销新模式,同时带动酒店自我运营的升维。

会上,同程旅游为各合作酒店举行了授牌仪式,莫干山久祺雷迪森庄园、浙江文华大酒店、三亚华宇亚龙湾迎宾馆、常州御湖半岛温泉酒店、昆山瑞士大酒店、南京恒大酒店、无锡华美达

广场酒店、常州环球恐龙城恐龙主题度假酒店、南京华泰万丽酒店等高品质酒店均在合作名单之中。日后，用户在同程客户端直接搜索亲子主题房即可进行相关产品的预订。

四、与去哪儿网合作

去哪儿网（Qunar.com）是中国领先的无线和在线旅游平台，其网站上线于2005年5月，公司总部位于北京。去哪儿网致力于建立一个为整个旅游业价值链服务的生态系统，并通过科技来改变人们的旅行方式。去哪儿网通过其自有技术平台有效匹配旅游业的供需，满足旅游服务供应商和中国旅行者的需求。如图3-10所示。

图3-10　去哪儿网页面截图

（1）去哪儿的"共享会员"模式。2017年12月21日，去哪儿网宣布，去哪儿网将联手酒店集团，创建会员制，与酒店集团互相打通会员制积分、权益共享，建立在线旅游新生态圈。

去哪儿网的"共享会员"创新方式，主要是与酒店集团会员进行身份互认、积分交换，在平台直接享受酒店官网才能享受的权益。目前，去哪儿网已与速8中国、亚朵等国内外顶尖连锁酒店集团签约，同时也和艺龙等在线OTA打通了会员权益。

业内人士分析认为，去哪儿网在酒店会员上的这一创新方式，彻底打破了行业屏障。从消费端来说，消费者能拥有更多更优质的服务；从行业端来说，平台和酒店集团结束了过往的单向竞争关系，共同打造了一种新型互利的生态圈。

（2）去哪儿网的"酒店旗舰店"。在去哪儿和酒店构建的新生态圈里，其还推出了"酒店旗舰店"发展方式。以往，传统酒店业的竞争包括免费早餐、提供睡眠系统等。但"去哪儿网酒店旗舰店"除此以外，还将在线下电商、社交等各方面进行拓展。酒店集团可利用去哪儿的大流量平台，进行差异化的创新服务推广等。

去哪儿网联手BFORCE云图全面打造VR酒店

随着近几年科技的发展以及用户对于需求标准的提高，酒店以往简单的图片展示形式不仅提供的信息内容较少，而且图片展示的酒店信息往往和现实中相差较大，导致用户体验非常差。这种图片展示的方式显然已无法满足当下用户在预订酒店时想要全方位了解酒店信息的需求，最终导致在酒店业发展与用户需求提高之间产生矛盾。

去哪儿网作为中国领先的无线和在线旅游平台，就是要解决目前存在的酒店提供信息不足与用户需求提升之间的矛盾，提升酒店服务质量，还用户一个真实、透明的平台。而VR技术以多维空间全景视频的展示方式出现，恰好弥补了解决用户需求的提高与酒店提供信息不足之间矛盾的技术缺口。

VR中文名称为虚拟现实，是近几年发展速度非常快的高新技术之一。VR技术是利用图形和计算机技术模拟产生一个多维的虚拟环境，可以让用户不再受时间和空间的限制，如同身临其境一般观察虚拟环境中构建的事物。作为国内领先的旅游搜索引擎平台，去哪儿网一直在为如何能将VR技术运用到酒店行业，打造VR+酒店的新模式而努力。但考虑到平台上的酒店商家较为分散，如果单纯找家仅在VR技术方面较强，但业务范围很窄的企业，在某一地域展开工作尚且可以，若是全国范围内展开工作则很困难，最终的效果也很难把控。因此在经过长期考察、实地调研之后，最终选择与来自电商之都杭州的BFORCE云图在VR技术上展开合作。

据去哪儿网有关人士在介绍本次合作相关事宜时透露，与BFORCE云图成功合作主要有三个方面的原因。第一，BFORCE云图在成立一年多的时间里，商业足迹已经遍布全国20多个省市，联动200多个区县，涉及新零售、地产、旅游等多个行业，在合作确定后，可以迅速在全国范围内展开工作，快速布局全国酒店市场；第二，拥有强大的技术团队，BFORCE云图在VR技术上有着过硬的技术，团队人员来自各大互联网公司，拥有丰富的研发、运营经验，具有丰富的大数据、人工智能以及传统零售行业背景；第三，BFORCE云图致力于为商家提供数字化商业综合解决方案的理念，以帮助实体商家更好地借助新移动互联网技术、大数据技术提升运营效率，把运营升级到基于数据、基于更了解用户需求的精细化运营这一目标，正与去哪儿网未来想要实现VR+酒店的愿景不谋而合。

当VR+酒店的模式完全展开之后，用户在去哪儿网平台上预订酒店前，在家中即可"身临其境"般全方位、多角度地了解所需酒店的信息，从大堂一直到客房内部布置等，都可以通过VR实景图像展示在眼前，让用户在家即可未住先知，再也不用依赖于其他用户的点评，从而快速精准地挑选出自己满意的酒店。

去哪儿网与BFORCE云图的强强联合，不仅解决了当下酒店行业所遇到的发展问题，同时VR+酒店的新思维、新技术将把用户从订酒店转变到订房间上来，提供更好、更加个性化的体验。VR+酒店的新模式，将会为传统酒店行业带来新的发展机遇，这是一次突破更是一场变革，我们坚信，酒店行业发展前景将拥有无限的可能。

第三节　OTA模式下的酒店营销

OTA模式改变了传统的酒店营销模式，各酒店积极在OTA模式下采用网络营销模式开展网络订购。

一、OTA模式下酒店的营销变化

首先，在OTA模式下，酒店营销呈现出移动化的特征。客户可以通过移动设备与酒店进行交流与洽谈，并通过移动网络订购酒店服务。

其次，同质化的酒店服务对消费者的吸引力越来越小，酒店积极重视个性化服务产品的研发。并且，互联网为酒店提供了大量的数据信息，酒店可以通过数据分析了解消费者的个性化需求，并根据消费者行为对消费的未来消费方向进行预测，进而生产个性化服务产品。

最后，OTA模式使得酒店与旅行社相互融合，很多OTA企业已经投资入股酒店企业。而且，酒店企业也积极入驻旅游网站。

二、OTA模式下酒店营销的问题

酒店与OTA的关系，可谓是爱恨纠缠。双方既存在互利互惠的关系，又存在不可避免的利益冲突。一方面，OTA能为酒店提供大量的订单；另一方面，酒店又不甘心支付给OTA数目不小的佣金。因此，双方之间产生矛盾也就在所难免。目前来看，OTA模式下，酒店营销出现的问题如图3-11所示。

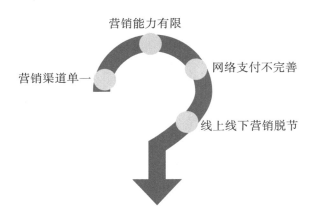

图3-11　OTA模式下酒店营销出现的问题

1.营销渠道单一

在OTA模式下,大多数酒店都开展了网络营销。但是,由于酒店网络营销起步较晚,酒店企业的专业网络营销人才不足,酒店的网络营销只能采取与网络中间商合作的方式进行。

> 比如,大多数网站都入驻了订房网站,并在知名订房网站上发布广告,进行广告营销。

在这种情况下,酒店的官方营销网站还不够健全,甚至很多酒店企业都没有开设自己的官方网站,营销渠道单一。

2.营销能力有限

酒店企业的人力资源管理十分重视技术人才、销售人才和管理人才的培养,缺乏对网络营销人才的重视,没有引入充足的网络营销专业人员。并且,大多数酒店网络营销人员只了解市场营销的相关知识和技能,缺乏对网络营销知识的了解,网络营销能力有限。

3.网络支付不完善

在OTA模式下,酒店营销需要通过网络支付或现金支付的方式,并且,网络支付手段还不够成熟,网络安全无法保证。消费者在网络支付的过程中容易受到恶意攻击,导致信用卡信息或个人信息泄露。

4.线上线下营销脱节

在OTA模式下,很多酒店会单独处理线上营销业务和线下营销业务,导致线上和线下相脱节。

比如，有些顾客在订房之后没有及时与酒店联系，而酒店也没有及时处理网络上的订房，顾客在到达酒店之后酒店没有为其留房，加剧了消费者与酒店之间的矛盾。

三、OTA模式下酒店的营销策略

在OTA占据巨大流量资源的市场环境下，酒店业应该以积极理性的眼光看待OTA，采取一定的策略，充分合理利用OTA分销渠道来正面提升酒店曝光美誉度，最大限度避免利益被侵蚀，同时通过引流开辟自有渠道来提高客房收益。具体如图3-12所示。

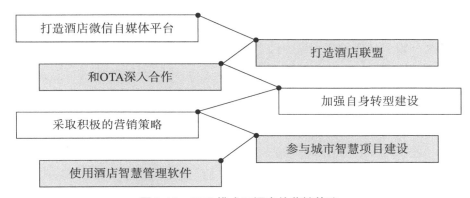

图3-12　OTA模式下酒店的营销策略

1.打造酒店微信自媒体平台

酒店急需能够和顾客沟通的直接途径，而微信平台可以以资讯推送的形式将酒店服务信息直接送达顾客，引导顾客二次消费并且形成酒店忠诚会员。

2.打造酒店联盟

为了应对OTA对流量的把控，有实力的连锁酒店也在进行一系列的并购，打造酒店联盟。

比如，锦江酒店与锦江股份、锦江资本、联银创投、西藏弘毅、国盛投资及符合约定条件的投资人订立股东协议，共同斥资10亿元打造Wehotel，建立酒店联盟。

这样做有利于资源整合，有效提高运营效率和降低服务成本。最重要的是能够将所有酒店的会员信息整合，逐渐构建起一个共享上亿会员的庞大网络，最终打造一个基于移动互联的共享经济平台。

3.和OTA深入合作

OTA为了加强线下酒店体验化，挑选部分实力高星酒店，与之深入合作。

> 比如，御庭酒店集团、美豪酒店集团、恒大酒店集团、粤海（国际）酒店集团选择和携程战略合作升级，完善酒店新型生态圈。

随着市场和消费者习惯的变化，酒店应与时俱进，保持预订渠道最优化、酒店收益最大化。在加强自身手机端网络预订、会员体系的同时，因地制宜策略性地与OTA合作，是符合酒店利益的。发挥携程作为国内OTA龙头的会员优势、聚集效应，作为酒店多元化预订渠道的有效补充，实现消费者、酒店与OTA的多方共赢。

4. 加强自身转型建设

传统酒店经营模式已不能满足顾客住宿需求，酒店需要积极全面了解顾客偏好，加快转型速度，跟上酒店发展潮流，迎合顾客消费口味。

> 比如，为了增强个性化和体验化，日本开创书店式主题酒店，客人看书看累了，就可以在书海里睡觉了。

5. 采取积极的营销策略

在线营销在不断地进化演变，这意味着酒店的营销策略亦须跟随最新的数字潮流和算法改进。营销团队应始终聚焦在积极管理整体在线营销战略及最优化营销优势上，只是维护网站和优化关键字，就期待网站流量突然大涨是不现实的。成功与否的衡量，在于营销战略是否积极，品牌在各类渠道上是否有持续的存在感。

6. 参与城市智慧项目建设

为了旅游业的发展，某些旅游业先进地区政府已主导智慧城市的建设，这对酒店、餐饮等商户来说是不可多得的机会，智慧化是酒店行业未来必然趋势，而作为智慧城市的一分子，酒店背靠智慧旅游城市这颗品牌大树，自然会招徕更多的顾客。

同时，酒店可以调动自有资源、整合差异化资源为周围社区、机构、团体服务，除了住宿，社区可以共享酒店及周边的餐饮、娱乐、健身等服务，智慧社区跃然眼前。

7. 使用酒店智慧管理软件

如今随便走进一家餐饮、酒店商户，都能体验到管理系统给酒店带来的便利之处。管理系统功能强大，具备客户管理、评价查询、服务展示、一键支付、微信托管、数据统计、消费支付、周边资讯推荐等基本功能，帮助酒店降低管理成本，提高运营收益。

OTA模式下，酒店的应变之道

OTA带来大量订单的同时，也为酒店的营销增加了阻碍。OTA的酒店价格一般远低于门市价，这样就不利于酒店自身的营销。酒店可以通过以下的几点措施，引导更多的顾客绕过OTA，通过酒店官网、预订电话或是前台预订酒店。

1.酒店需要简化顾客的预订手续

一方面，要优化酒店的官网。官网上的预订手续和预付方式需要简化，简单、快捷的预订方式是顾客选择酒店的重要因素。一个细微的改动，也会为你带来无限商机。比如在网页上添加在线咨询，为顾客解答问题。另一方面，预订电话也该保证畅通无阻。经常占线的客服电话，不仅会为酒店带来损失，也会在一定程度上危害酒店的形象。

2.跟上时代，推出酒店的APP

智能手机，作为一种新兴的媒体，异军突起，尤其在"80后""90后"中有着深刻的影响力。而且"80后""90后"的消费人群逐渐成为酒店行业的主力军。OTA就纷纷推出了相应的APP，酷讯、去哪儿网、艺龙等早就上线了自身的APP，抢占移动市场。酒店为了不落人后，也不妨及时推出APP，占领部分市场。

3.加强顾客对酒店的忠诚度

顾客对酒店的忠诚度会决定他是通过OTA还是酒店的相关渠道预订酒店。忠诚度较强的顾客一般会直接通过酒店的官网或者电话预订。酒店可以通过一些具体办法加强顾客的忠诚度。对于第一次入住酒店的顾客，不妨"以利诱之"，为他提供下一次入住可以打折的优惠。对于经常入住的顾客，关于他的饮食习惯、生活作息等需要记录，为他提供"宾至如归"的优质服务。不时为所有顾客举办活动，提供具体的优惠或是免费服务也不失为好办法。

4.塑造酒店形象，打造酒店品牌

酒香不怕巷子深，一家国际知名的酒店对于OTA的依赖性显然较弱。酒店品牌的树立也会在无形中增加忠诚度较高的顾客。舒适的环境、精致的饮食、优质的服务固然可以为酒店加分，而参加公益事业、宣传酒店文化也是树立酒店形象的途径之一。

选择OTA后，酒店虽然背靠大树好乘凉，但也需要积极规划酒店的长远发展，抓住眼前机会，实现直销占主导地位的目标。

四、OTA模式下酒店的营销方式

随着互联网的迅速发展，人们的出行方式与习惯不断发生变化，特别是在酒店预订这方面。现在旅行订酒店，绝大多数消费者都会先在网上查一下当地的酒店，价比三家，然后选择价格合适的一家酒店预订下单。针对此种情况，酒店应采取不同的营销方式，来提升入住率。

1.内容营销

大家都知道，OTA平台上不只有酒店频道，一般都是综合性的平台。酒店可以通过在平台上生产内容，以内容吸引客流到预订详情页，从而完成流量导入。目前，以携程为代表的OTA平台可以做的内容营销有图3-13所示的几种。

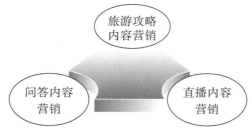

图3-13　内容营销的方式

（1）旅游攻略内容营销。除去以马蜂窝为代表的旅游攻略UGC平台外，大多数的OTA平台也能够让用户生产内容。在旅游频道，用户可以去生产和旅游目的地相关的内容，如我们最常见的旅游攻略。通过撰写目的地行程攻略，把酒店信息包含进去，从而进行传播，吸引流量。

想要写一篇优质的攻略内容，首先要了解平台规则及读者阅读体验，什么样的内容有可能成为一篇优质的内容？旅游攻略内容的阅读者一般是即将出行或者有出行计划的游客，内容直接面对的就是精准潜在客户，是商家引流的一个重要渠道。

一篇优质的游记内容能够获取很大的曝光量，尤其是一些被平台推荐至首页的游记。如果酒店想要获取额外的流量，可以在OTA平台上做游记攻略。游记可以由酒店自己去写，也可以鼓励客人去写，或者请别人代写。游记可以一篇多发，写好后可以在其他平台同时发布，以此提高阅读量。

怎样写一篇优质的游记

（1）游记内容要详细。游记内容包括旅游目的地的景点、美食、行程、住宿指南、交通、旅行费用、购物、当地风俗文化、纪念品以及旅途中遇到的美好事情。

（2）上传大量精美图片。图片比文字更具有表达力和吸引力，图片最好是高清照片。可以上传风景、美食、人物等图片内容。

（3）内容结构要流程化。以吃、喝、玩乐、住、费用等，或者以第一天、第二天时间形式来记录，让浏览者很容易看清文章内容结构，同时能够重点关注自己感兴趣的地方。

（4）游记里可以添加一小段在住宿地拍摄的活动视频。

（5）选一张精美的图片作为首图，风景或者人物图皆可。

（2）问答内容营销。除了旅游攻略内容以外，问答内容营销也是酒店的一种引流方式。在OTA平台的目的地攻略中，点击进入"问答"版块，寻找有关住宿行程安排话题，对该话题进行回答。

在回答的内容中，把酒店信息推荐进去。一定要有说服力地推荐，不能泛泛而答。要突出酒店的特色及卖点，相比较其他家，有哪些优势，位置优势还是价格优势等。除此之外，还可以创建账号，通过自问自答的形式来做营销。

运营指南

内容回答一定要有干货，能够切切实实地帮助提问者，赤裸裸的广告可能会起到相反作用。

（3）直播内容营销。视频直播是内容的一种呈现形式，它比文字图片呈现的内容更真实、更丰富，粉丝体验效果更佳。

2017年3月底，携程与斗鱼直播达成战略合作，在整合双方优势资源的基础上，推出首档全新酒店体验直播栏目《睡遍全世界》。

《睡遍全世界》每期节目均邀请斗鱼直播的人气主播以及来自各地的旅游达人，通过解密酒店、酒店游戏互动等方式，全方位体验国内外各大热门目的地的特色酒店，为用户呈现酒店最真实、最具吸引力的一面。

相关链接

酒店如何做直播内容营销

酒店在直播时，可以直播人、直播物、直播一种生活方式、直播一种理念、直播一个真空管。在具体直播中，可以直播酒店的整体建筑、客房；可以直播酒店举办的一场活动；可以直播一道菜的制作方式；可以直播一间客房的卫生打扫过程；可以直播采访入住客人。直播就是告诉别人，此时此刻在做什么。通过直播传递出一种美好、一种他乡的生活方式、一种该有的状态。

（1）在直播过程中要注意脚本，即解说的话语。因为是直播，如果没有提前准备好，就可能会在直播的过程中出现说话停顿、语无伦次情况，给用户造成不好的印象。在直播时，一定要提前做好准备，包括解说话语、直播内容的呈现。

（2）直播时要准备比较专业的工具，其中三脚架是必备工具。如果用手拿着手机，在行走的过程中，难免会造成直播画面的晃动，影响直播效果。另外，在转动角度的时候，用三脚架可以防止出现镜头对不了焦而出现画面模糊问题。必要时，可以用滑轨对镜头进行移动。

（3）要多呈现房间的细节及微物，如一个花瓶、一幅壁画、一盏台灯等。

（4）利用五觉场景描述法来进行直播。比如在解说房间的床垫时，如果只是说出名字，给客人的印象不会太深刻，要通过行为来表达，通过触觉来传达。可以坐在床垫上，感受其柔软品质，再通过话语描述传递给用户。

（5）视频直播要在多平台分享，如微博、朋友圈、微信群、QQ群等。

2.活动营销

除了内容营销，酒店还可以在平台上参加各种活动，来做营销推广。

（1）参与平台活动。每一个活动，平台都有自己的逻辑，活动主题是什么？针对什么类型客户？展示在什么位置？活动时间多长？活动位置越好，曝光优势越明显。通过活动，可以获取额外曝光，提升转化，获取一个可观销量。那么，酒店要如何来参与平台活动呢？

首先，要分析活动主题是什么，针对哪种客源，展示渠道有哪些，推广资源有哪些，跟自己的酒店是否匹配。只有适合自己的活动才能有一个好效果。推广资源一般有四种渠道，具体如图3-14所示。

图3-14　推广资源的渠道

其次，要看区域内已经参与活动商家的数量有多少，如果参与商家太多，就失去稀缺性优势，参与意义就不大。

最后，要分析参与活动的竞争商家，其中最主要的是价格方面的分析。当客人点击进入活动专题页面后，商家怎样才能在一众竞争者中吸引到客户呢？除去部分专题活动外，大部分的活动都是利用优惠价格吸引用户，所以价格是活动吸引用户的重点。

（2）自建活动。除去参加的活动外，一些平台也给了店家自建活动的权限。比如在携程上,商家可以通过组织创建各种活动来吸引潜在客人。

操作方法:在后台点击"信息维护"版块,进入后点击左侧的"酒店活动管理",就可以添加相应活动。

3.促销营销

促销营销分为以下两种方式。

(1)自主促销。目前,各OTA平台一般提供图3-15所示的四种促销类型。

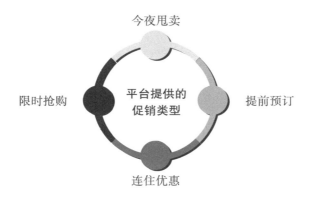

图3-15　平台提供的促销类型

每种促销的场景都不一样,酒店要视具体情况具体使用。如图3-16所示今夜甩卖页面截图。

图3-16　今夜甩卖页面截图

(2)利用优惠券、红包工具促销。酒店也可以设置优惠券或红包促销,吸引顾客下单消费,提升间夜量(指酒店在某个时间段内,房间出租率的计算单位)。

顾客可以通过条件搜索,搜索"促销优惠",参与促销优惠的商家会出现在搜索结果页。在淡季流量较少的时候,酒店可以多参与一些促销,通过在价格上让利客人,提升销量。如图3-17所示。

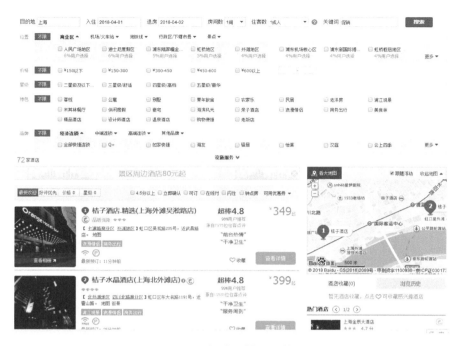

图3-17 酒店促销页面截图

4.付费营销

平台通过各种形式,对酒店进行包装,以此获取更多曝光量。付费营销目前最常见的有三种类型,具体如图3-18所示。

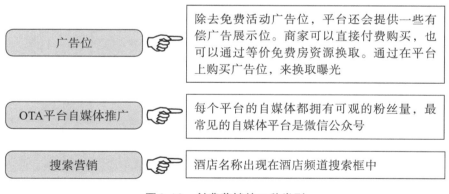

图3-18 付费营销的三种类型

运营指南

做广告营销,首先要看广告展位的位置及推广渠道。不同的位置,带来的流量不同。展示位置越好,时间越长,价格也相应越高。

五、提高酒店在OTA排名的技巧

近几年,我国酒店数量增长迅猛,住宿业的竞争相当激烈。入住率低,订单少也成了不少酒店最头疼的问题。那么,如何解决酒店在OTA排名不好、预订率低、点击率低、订单少等问题呢?通过下面介绍的几个技巧,可提高酒店在OTA的排名。

1.为宾客设计产品

要知道,宾客入住的是酒店,在选择酒店时,当然会以酒店的产品为主要选择依据,因此,酒店在OTA上线的产品就要为宾客而设计。

(1)添加酒店名称后缀。关于酒店的名字,无论酒店是否有分店,店名的后缀是非常重要的。如图3-19所示。

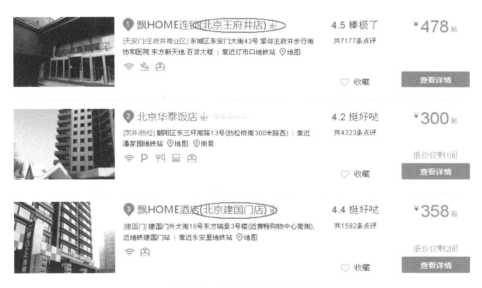

图3-19　酒店展示界面截图

> 比如,"猴眺商务宾馆"与"猴眺优品商务酒店(人民广场店)",当然是后者更能吸引人。

(2)酒店房型基础信息要完善。酒店房型基础信息包括床、卫生间、便利设施等图片信息,这都要写清楚,方便宾客根据自己的需求及时选到心仪的房间。如图3-20所示。

(3)增值服务要展示到位。宾客除了对展示的照片和酒店房型基础信息有要求之外,还会关注酒店是否有加床、早餐、升级等增值服务。所以,酒店如果有这些可提供的优惠服务,一定要在OTA上写清楚。如图3-21所示。

图3-20　酒店设施介绍截图

图3-21　酒店增值服务页面截图

2.包装美化产品

对于在OTA上线的产品，酒店要做好包装，美化产品，以便吸引宾客的眼球，增加点击率。

（1）房型名称的美化

雅致大床房、精致大床房、精致双床房、雅致休闲房……这样类型的房型名称要比呆板的"大床房""双床房"这样的名称更好。如图3-22所示。

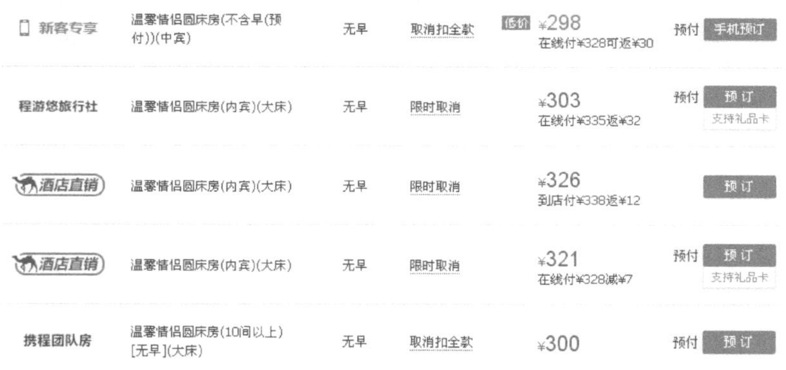

图3-22　酒店房型页面截图

（2）首图的选择。酒店首图的选择非常重要，首图的展示效果直接给到宾客第一感受。对于酒店来说，首图无非是门头照片和客房照片两种选择。

原则上来说，客房在80间以上，门头的照片会比较大气，适合做首图；而房量较小的酒店，用房间的照片更为直观合适。如图3-23所示。

图3-23　酒店首图页面截图

（3）图片的视觉冲击。特别是对于酒店客房的照片来说，视觉冲击力非常重要，需要将房间尽量拍大，可以请专业设计师来拍摄，也可用鱼眼镜头来展示房间图片。如图3-24所示。

图3-24　酒店房间

3.引流客人

（1）活动引流

> 某家酒店一天的流量只有40，那么说明，每天只有点击页面的40人看到了酒店信息，该酒店通过做了个小活动，最终每天的流量做到300。
>
> 他们的做法是，推出9元的生日房间，客人生日当天持身份证到店，可以以9元

的优惠价格入住酒店。这个活动以9元的特价来吸引眼球，帮助酒店提升流量，而对于酒店来说，这个活动的成本也非常之低。

（2）最大化优势吸客。一般举行会展时，会展附近的酒店房间会爆满，但是距离会展有一定距离的酒店如何抢生意呢？具体方法如下。

① 可在OTA后台名称后面增加（××会展中心店），直截了当地告诉客户这是展会附近的酒店。如图3-25所示。

图3-25　酒店页面截图

② 房型后缀添加。评价即可专车接送，通过专车接送的方式解决酒店与展会之间的路程，打消宾客的顾虑。如图3-26所示。

图3-26　网站预订页面截图

（3）点评回复要有技巧。客户在OTA选择酒店的时候，一定会看热门评价和近期评论。如果点评不好、评分较低是会影响酒店在OTA排名的，客户很有可能就会选择其他家，从而导致酒店预订率低、订单少的情况出现。

虽然酒店努力去让每一位住户都满意，但是还是避免不了出现一些细节做得不到位的情况。如果住户给的评分低了，或者评价不好，酒店要及时去解决这一类问题。比如，回复要有技巧，字数尽量多一些。如图3-27所示。

图 3-27 酒店回复页面截图

> **运营指南**
>
> 酒店除了应利用以上所述的办法提高在OTA平台上曝光率之外，还要做好内部的管理，通过超预期服务和附加值服务，把招待客人变成款待客人，从而帮助酒店获得更多的流量和订单。

六、酒店转化OTA客人的技巧

OTA在给酒店带来高流量的同时，酒店也需向OTA支付高额的佣金，因此，酒店应抓住机会，合理转化OTA客人，变成自有直销渠道的客人。通过OTA带来新的客源流量，打造好酒店产品和服务，进而加强顾客的体验，培养顾客的会员忠诚度，做大酒店的自有直销渠道。具体策略如图3-28所示。

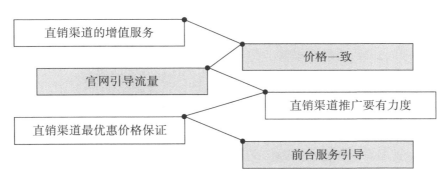

图 3-28 合理转化 OTA 客人的技巧

1.直销渠道的增值服务

直销渠道要不断推出新的促销方式，保证在价格一致的基础上，直销渠道价格更具有优势，给顾客一个赚便宜的感觉。

> 比如，OTA挂的房间价格为158元（不含早餐），酒店微信预订平台挂的房间价格应为158元含早餐或果盘。

久而久之，这一做法将让消费者相信酒店微信订房平台是具有吸引力和有价值的酒店产品的唯一来源，而微信预订平台也将会成为消费者更倾向使用的预订平台。

此外，在进行这些促销活动的时候，酒店应该尝试互联网营销推广，包括官网、微信、论坛、百科、视频、软文等方式，保证促销信息被消费者知道。

2. 价格一致

价格一致原则，很多酒店并未引起足够重视，也没有采取有效措施规避价格不一致带来的风险。

相关数据显示，2015年65%以上的快捷酒店在OTA的价格低于其酒店的直销渠道价格。全面的价格一致性策略，才能鼓励消费者通过官方直销渠道预订。很多旅游消费者调查报告都指出，大部分旅行者更喜欢直接向酒店进行预订和购买，前提是酒店网站和OTA一样提供低价产品和简单的预订功能。

3. 官网引导流量

官网是消费者最信任的渠道，所以要将酒店的主营直销平台进行推广，以保障直销渠道的流量积累和客户沉淀。应设置OTA渠道的限制条件，合理控制OTA渠道的权重，比如设置促销房的数量限制、附加条件等。要清晰地知道OTA渠道并不是在线直销渠道的替代品，酒店不能将OTA用作在线直销渠道以外的另一种选择。

4. 直销渠道推广要有力度

长期以来单体酒店不愿意或没有实力进行大规模的市场营销广告投入，大型品牌花费巨额的资金来进行品牌相关的营销活动，包括在线媒体、各种活动和直销平台，对品牌酒店而言，这些活动都不是"免费"广告，为此它们需要支付高额的加盟经销费用、额外的营销和忠诚度计划费用与基于效果的营销活动的佣金。

单体酒店不愿意投入营销推广费用，就需要利用或加入会员共享平台，享受会员体系和订单的支持。当然，即便是品牌酒店，有可能也无法利用品牌渠道有效地对当地市场进行营销，因此品牌酒店也应该安排充足的预算来进行本土市场推广，以及品牌不擅长的领域或者不够重视的领域的推广，如家庭旅游、社会团体、政府部门和小众团体的会议、本地俱乐部消费、社交社群活动和婚礼等。

5. 直销渠道最优惠价格保证

（1）酒店可在直销渠道标榜"全网最低价格"的营销信息，并在直销渠道平台链接一篇软文，说明"为什么要在××平台预订"。

（2）酒店可设计一个具有吸引力的奖励计划，并通过直销渠道来进行推广。这些计划应为忠诚顾客提供奖励，比如免费的接站服务、房型升级或免费早餐等。

（3）酒店可通过各种社交媒体、宣传册和邮件营销等方法来宣传最优惠价格保证和"顾客答谢计划"等信息。

6.前台服务引导

OTA客人转化最关键的一步，需要酒店所有员工，尤其前台员工的配合。前台员工如何做呢？具体方法如图3-29所示。

酒店前台的明显位置放置直销渠道的宣传品，鼓励顾客通过直销渠道进行预订，并给予最优惠价格保证和奖励计划

来自酒店总经理的"感谢您入住我们酒店"的信函：在所有通过OTA进行预订的顾客入住时，酒店工作人员应递给他们一封来自酒店总经理的信函，他/她在信中应推荐顾客下次入住时通过直销渠道进行预订

退房时推送直销渠道的福利（代金券），感谢他们的入住，并推荐他们在下次入住时通过直销渠道进行预订

每个月都应该推销酒店最新的特价产品、打包产品、活动和动态，吸引消费者通过直接渠道预订

酒店应培训其员工，了解为直销渠道预订的顾客所提供的各种优惠和折扣。每位员工都应该深入了解有关酒店的最优惠价格保证、奖励计划或顾客答谢计划的所有信息

图3-29　前台服务引导宾客的方法

通过以上技巧，随着直销渠道客源的不断增多，酒店方不仅能够降低OTA佣金的支出；同时，能够真正地增加客人的满意度和回头率，获得自己的忠实客源，真正提升酒店的竞争优势和收益能力。

酒店如何做好OTA运营

作为酒店管理者，你一定没少为OTA运营的事操心，比如为什么别家酒店OTA运营能够做得炉火纯青？客人能够络绎不绝？而再回望自家简直是惨不忍睹。那么，我们该如何提升OTA运营呢？在OTA运营过程中又有哪些技巧可以提升效率呢？

对于酒店管理者而言,需要了解大部分通过OTA渠道预订酒店的客人,大都是没有实地体验到酒店设施以及服务的优缺点的,因此在预订酒店的过程中,他们通常会参考对比其他酒店的信息来做出最后的选择。

所以,想要提升酒店在OTA平台的形象,可以从以下几个方面来做。

1.提供高质、精美的酒店客房场景

一般来说,入住OTA的酒店都需要上传相应的酒店照片,那么对于我们上传的酒店照片应符合哪些要求呢?一是要求照片高像素、高清晰度,突出的酒店功能;二是要及时更新图片,采用酒店最新的实景照;三是可附带几张周边旅游资源的照片,增强吸引力。

2.设定客户需求关键词

总结客户搜索关键词,从客户的需求角度出发,向同类客人介绍、推荐该类搜索的热点词语,如景点、事件、交通枢纽、设备设施、价格等,一来可以提升酒店被搜索的可能性;二来可以为客户节省时间,增强便捷性。

3.统一线上线下

无论是线上还是线下,都需要坚持价格的一致性。因为如果实体酒店的预订价格高于OTA,客源的流向就会更加倾向于OTA的在线预订,并成为OTA的忠实客户,这种价格差异将直接导致营销渠道的客户流失,一旦脱离OTA,酒店将无法生存。

4.尽量不关价格不关房

无论何时,酒店都应做到不关价格不关房,因为关房会影响酒店在OTA的排名,同时也会失去常住客人。你可以提高房价,限制入住天数来达到关房的效果,但一定不能直接关房。

5.学会分散风险,积少成多

可以与不同的OTA渠道商合作来分散风险,如果一家OTA做不好,可以再与第二家合作,总会有单,这样长此以往,就会积少成多,酒店收入自然也会有所提升。而且合作越多,酒店在网络上的曝光率越高,相当于广告牌增加了,这对于低品牌声誉的单体酒店尤为重要。

6.加强互动,维系客户

想要更好地从OTA渠道中获得更多的客户,就需要对OTA的客户点评进行及时、积极的互动;对于客户的投诉,要积极采取措施予以补救,并做好客户关系的维护工作。而且回复模式应该个性化、人性化,而不是千篇一律的模板回复。

第四章　互联网+酒店大数据

导语：

　　随着云计算的诞生，各行各业都迎来了大数据的时代。"大数据"这一互联网领域的主流词汇，也开始触动着各个行业的神经，酒店行业亦是如此。合理而恰当地利用大数据，对酒店服务、酒店管理都有重大的意义。

第一节 酒店大数据的认识

互联网迅速发展的时代背景下,数据在各行业中的作用日益凸显,对于酒店行业,既是机遇,也是挑战。酒店作为一个公共场合,每天迎接着不同宾客在这里停留,并且有数量不少的服务人员,对收集大数据有着天然的优势。

一、大数据的内涵和特征

现在的社会是一个高速发展的社会,科技发达,信息流通,人们之间的交流越来越密切,生活也越来越方便,大数据就是这个高科技时代的产物。

1. 大数据的概念

大数据(big data),指无法在一定时间范围内用常规软件工具进行捕捉、管理和处理的数据集合,是需要新处理模式才能处理的具有更强的决策力、洞察发现力和流程优化能力的海量、高增长率和多样化的信息资产。

2. 大数据的意义

大数据技术的战略意义不在于掌握庞大的数据信息,而在于对这些含有意义的数据进行专业化处理。换而言之,如果把大数据比作一种产业,那么这种产业实现盈利的关键,在于提高对数据的"加工能力",通过"加工"实现数据的"增值"。

3. 大数据的特征

"大"是大数据的一个重要特征,但远远不是全部。大数据还具有图4-1所示的"4V"特征。

(1)数据规模大(Volume)。大数据通常指100TB(1TB=1024GB)规模以上的数据量,数据量大是大数据的基本属性。根据国际数据资讯(IDC)公司监测,全球数据量大约每两年就翻一番,预计到2020年,全球将拥有35ZB的数据,并且85%以上的数据以非结构化或半结构化的形式存在。

(2)数据种类繁多(Variety)。数据种类繁多、复杂多变是大数据的重要特性。随着传感器种类的增多及智能设备、社交网络等的流行,数据种类也变得更加复杂,包括结构化数据、半结构化数据和非结构化数据。其中,10%是结构化数据,存储在数据库中;90%是非结构化数据,与人类信息密切相关。

(3)数据处理速度快(Velocity)。新时代人们从信息的被动接受者变成了主动创造者。数据从生成到消耗,时间窗口非常小,可用于生成决策的时间非常短。

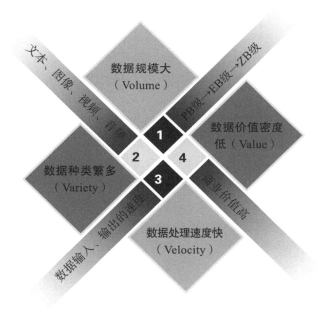

图4-1 大数据的特征

（4）数据价值密度低（Value）。数据呈指数增长的同时，隐藏在海量数据的有用信息却没有相应比例增长。恰恰相反，挖掘大数据的价值类似沙里淘金，从海量数据中挖掘稀疏珍贵的信息。

> 比如，商场的监控视频，连续数小时的监控过程中有可能有用的数据仅仅只有几秒钟。

二、酒店大数据的分类

在酒店行业，对用户行为进行大数据分析，并以此为依据开展酒店运营及定价策略管理早已拉开序幕。

> 比如，阿里于2014年9月入股石基信息，旨在将后者拥有的国内酒店大数据和自身的线上资源相整合，共同进军酒店餐饮O2O市场。接着，携程于2015年3月25日宣布将旗下的慧评与中软好泰重组成立众荟，并将佳驰、客栈通一并纳入基础软件事业部，致力于建设国内首个酒店业全数据平台。

对于酒店行业来说，一位顾客从预订行为产生，再到入住行为完成，这一系列的动作中，大约会产生以下三类数据。

1. 住前数据

住前数据即入住行为发生前产生的数据，包括顾客在网页及APP中的搜索、浏览、预订、相关产品选择等。这类数据，能够非常客观地反映出用户的真实需求与偏好。

> 比如，某家酒店点击率高的房型，一定是消费者最为关注的；某类型（高端、中档、精品等）酒店中搜索量最多的品牌，一定是某一时期口碑最好的；某酒店品牌搜索量、预订量最高的门店，一定是在软硬件上拥有独特优势……

此外，顾客付款又取消后的流向、对点评的关注程度等，都是对酒店管理者来说极具参考价值的数据。然而，住前数据中的大部分高价值内容都被OTA牢牢掌握，目前国内酒店想要大规模地获取还存在一定难度。

2. 住中数据

住中数据即入住过程中形成的数据，包括房价、RevPAR、入住人数，以及对酒店哪类增值服务的需求最多、餐厅的哪些食品最受欢迎、入住和离店的时间分布、投诉事件发生的原因等。

这部分数据，能够一定程度上反映出酒店的整体经营状况，也是国内酒店目前掌握得最多、使用最广泛的数据。

一般来说，住中数据的大部分内容，酒店能够在PMS系统中获取。另外一些部分，则必须借助大数据分析工具的帮助。

3. 住后数据

住后数据即客人入住完成、离店之后的反馈数据，如对酒店的整体评价、对某一特定区域或服务的评价，甚至离店之后的流向（是否有转向其他酒店消费）、希望今后享受到怎样的产品和服务等。

这部分数据可以较真实地反映出酒店产品及服务在顾客眼中的价值，同时，这些数据也是酒店进行质量管理、新产品开发、市场营销和竞争策略调整的最重要依据。

然而，住后数据的获取本身就存在一定难度（可能需要针对性的回访、开发调查问卷等），加之国内酒店对这一部分数据的认识和使用也较晚，因此，针对住后数据的持续开发、使用，很可能会成为今后酒店管理者的重点关注方向。

三、酒店大数据的作用

随着行业生态不断饱满，各类细分品牌涌现，市场竞争日益激烈。与此同时，消费者的需求升级，使其对服务品质、品牌文化、产品个性有了更高的要求。如何更好地探测核心客户群需求，为其提供恰当的产品与服务，决定了品牌能否在下一个竞争阶段中脱颖而出。

而大数据，便能够从图4-2所示的两个方面为酒店做出帮助。

更精准、客观、全面地分析消费者行为，从而促使酒店调整策略，展开针对性更强的精准营销。精准营销可以一定程度上提升酒店顾客关系管理的有效性，增强顾客黏性。这会助力酒店实现品牌价值提升，甚至间接提升入住率，改善收益

帮助酒店了解到更加详细的市场环境信息和竞争对手信息。如消费群体行为偏好、市场容量、财务指标、市场动机、发展策略、顾客来源等。在这些信息的辅助下，酒店更有针对性地展开动态预测、制定竞争策略就成为可能

图4-2 酒店大数据的作用

第二节 酒店大数据的运用

近几年随着互联网科技向各行各业渗透，大数据应用已对酒店行业产生了翻天覆地的变化。酒店经营者凭借用户行为数据，探索市场变化规律、改善自身经营，已成为可能，科技、数据力量开始显现。

一、酒店大数据应用的爆发点

酒店服务业与上下游企业关系密切，但上下游的数据存在隔阂，酒店与出行结合在一起才有意义，这就需要把生态链打通。

> 比如，在精准营销应用中，不知道客户进门后如何建立数字化的基数点，不知道客户从哪儿来，而在数据融合后，酒店的营销也就会更加精准。

因此，酒店大数据应用的爆发点主要集中在图4-3所示的两个方面。

图4-3 酒店大数据应用的爆发点

1. 开源

开源可以让酒店更加精准营销，促进获客，主要可从以下几个方面入手。

（1）交叉营销。由于酒店与出行的上下游关系，可以根据客户属性多维度地进行刻画，将不同维度的属性与酒店消费行为进行交叉、关联。

> 比如，在获得航空公司等上游的信息后，精准推荐匹配的酒店；酒店还可以根据客户的商品消费数据，在进店后进行捆绑销售、搭配销售相关产品；通过历史数据，分析出关联数据，如情人节红酒的销量明显增长，酒店还可以提前做到预测。

（2）个性化体验。酒店应该卖的是生活，年轻人更愿意为自己的喜好买单，而酒店要想做出好的"生活"体验给客户，离开大数据是行不通的。因此个性化的体验，是所有酒店都想做到的。但是个性化的体验，能够带来多高的转化率和续约率，需要对接上下游数据将其进行量化、货币化。如果说提高了8%的用户体验，能够带来10%的收益回报，马上就会成为爆点。

（3）动态定价模式。通常消费者会在携程、酒店官网上比价，因此酒店价格制定策略就显得非常关键。大数据平台将PMS、CRS、FI等不同数据相互关联，可以实时监测价格。比如，大数据平台整合了多种数据源，将同类竞争对手和各渠道上的价格每天及时汇总，结合酒店内部基础数据（房间、人员）进行动态调整，使效益最大化。

运营指南

> 实行动态定价模式需要一定的经验，应根据不同的房价类型、房型及市场细分进行房价的组合。在定价方面，数据、分析法及软件正发挥着日渐重要的作用。

2. 节流

节流可以减少酒店房间空置和其他资源的浪费，具体可从以下几个方面入手。

（1）节能。对于体量巨大的酒店而言，能源是一块重要的成本支出项，如何优化能源安排、降低成本是单体酒店和集团层面需要考虑的问题。同时，由于能源设备的集中采购,单一门店的试点成功推广可以为整个集团带来丰厚的利润回报。在积累了大量的数据信息之后,对故障设备、故障类别、故障部门等指标进行大数据分析,按照时间和门店维度,在庞杂的信息中,发现潜在的规律和价值。

> 比如,通过对损坏灯泡的分析,发现损坏灯泡品牌较为集中,因此酒店对灯泡采购进行了重新梳理,剔除了故障率大和能耗过高的品牌,仅灯泡能源这一项,大数据分析为集团及门店节约了1 000万元以上的成本。

(2)运营管理。酒店行业数据相对低频,酒店如果想进行变革,需要把横跨酒店、出行等这些相对容易看到的数据采集下来,变成一个相对比较高频的数据,才可以提前预测,知道哪些场景是客人相对比较多频的场景,从而进行整合、分享。基于此,酒店管理层还需要灵活运用各式各样的技术,为酒店创收、减少投诉。

(3)选址。酒店选址决策系统是酒店一直想做但难做的,需要整合商圈、客流、潜客、市场、物业等层面的海量信息。也因此,需要在数据共享基础上拉通,再通过对这些信息进行大数据分析,可以得出投资回收期、内部收益率等财务指标,为集团决策提供参照依据。

二、酒店大数据应用的环节

大数据的核心在于可以帮助客户挖掘数据中蕴藏的价值,而不是简单的数据计算。酒店可从前期市场定位、营销管理、收益管理和客评管理这几个管理环节入手,通过大数据的应用来推进工作,最终构建正确的产品、赢得更多的忠诚客户,提高市场竞争力,实现收益最大化。

1.前期市场定位

建造一座酒店,首先要进行项目评估和可行性分析,只有通过项目评估和可行性分析才能最终决定是否适合建造一家酒店。如果适合建造一家酒店,那么应该考虑以下问题。

(1)这家酒店的文化主题是什么?
(2)建什么样的规模和档次?
(3)设计什么样的产品?
(4)酒店的客源群体是什么?
(5)能卖到什么样的价格?
(6)未来市场的供需情况等。

以上这些内容都需要在酒店建造之前来确定,也就是我们常说的前期市场定位。

建造一家酒店不仅需要投入大量的资金,而且建设期一般需要3~5年或者更长,建造成本很高;一旦酒店建好投入运营,再想改变其市场定位就非常困难了,可以说前期市场定位是一项不容有任何偏差的工作，否则，将会给投资商带来不可估量的后期损失。由此看出，前期市场定位对建造酒店非常重要，只有定位准确乃至精确，才能使建造出的酒店与未来市场环境相适应，构建出能满足市场需求的酒店产品，使酒店在竞争中立于不败之地。然而，要想做到这一点，就必须有足够的相关数据和市场信息来供酒店研究人员分析和判断，仅凭工作经验是远远不够的。

通常，在酒店前期市场定位中，相关数据的收集主要来自统计年鉴、行业管理部门数据、相关行业报告、行业专家意见及属地市场调查等，这些数据多存在样本量不足、时间滞后和准确度低等缺陷，酒店研究人员能够获得的信息量非常有限，使准确的市场定位存在着数据瓶颈。随着大数据时代的来临，借助云计算和数据挖掘技术不仅能给研究人员提供足够的样本量和数据信息，还能够通过建立数学模型借助历史数据对未来市场进行预测，为研究人员数据收集、统计和分析提供了更加广阔的空间。

> **运营指南**
> 仅靠酒店本身来完成大量数据的收集和统计分析工作是有困难的，还需要相关数据公司的帮助，为酒店制定更精准的前期市场定位。

2. 营销管理

在酒店市场营销工作中，无论是产品、渠道、价格还是顾客，可以说每一项工作都与市场数据息息相关，而图4-4所示的两个方面又是酒店市场营销工作中的重中之重。

图4-4　酒店市场营销工作重点

（1）市场信息收集方面。在传统的市场竞争模式中，由于酒店获取数据资源的途径有限，只能够依靠有限的调查数据对个体竞争者进行比较分析，无法全面掌握市场动态和供需情况，特别是竞争态势，更难以确定酒店在竞争市场中所处的地位，给酒店制定正确的竞争策略带来困难。随着酒店营销管理理念的不断更新，原有传统营销模式已面临着严峻的挑战，对管理者准确掌握市场信息、精确了解竞争对手动态、制定合适的价格提出了更高的要求。市场竞争的分析也由原来简单的客房出租率、平均房价、RevPAR分析转化为对竞争群的数据分析。

比如，市场渗透指数（MPI）、平均房价指数（ARI）、收入指数（RGI）等，从维度上讲还有时间维度、市场份额及同比变化率等。

通过这些市场标杆数据的分析，可以使酒店管理者充分掌握市场供求关系变化的信息，了解酒店潜在的市场需求，准确获得竞争者的商情，最终确定酒店在竞争市场中的地位，从而对酒店制定准确的营销策略，打造差异化产品，制定合适的价格起到关键的作用。而大数据的应用，正是需要酒店获取这些市场数据，并通过统计与分析技术来为酒店提供帮助。

比如，周四客人正在安排家庭周末自驾游时，突然收到某度假酒店的推广信息，此推广信息不单单是客房的推广，还包括了餐饮、娱乐场所以及附近景点的信息，这对于正在安排周末旅行的客人有多么重要，客人选择这家酒店的概率就大大增加。

又如，周一上午，某公司行政助理正在给领导安排出差旅行，突然在互联网上找到，某商务酒店推出接机住店一条龙服务产品，并突出酒店在网络会议室多方面有很大的优势，此行政助理选择这家酒店的概率也会很大。

综合所述，营销的本质就是在恰当的时间地点、恰当的场景和恰当的消费者产生连接。

（2）顾客信息收集方面。在对顾客的消费行为和价值趋向分析方面，如果酒店平时善于积累、收集和整理顾客在酒店消费行为方面的如图4-5所示的信息数据，便可通过统计和分析来掌握顾客消费行为和兴趣偏好。

图4-5　可收集的顾客信息

如果酒店积累并掌握了这些数据，当顾客再次到店时发现你已经为他准备好了喜欢入住的房间，播放着他爱听的音乐，为他推荐喜欢吃的菜肴，那么他已经是你的忠诚顾客了。

比如，当客人是准备和家人来酒店为自己庆生，那酒店就可以在客人入住的时候送上诚挚的祝福以及个性化的礼物；客人之前在其他酒店有入住记录，记录了客人对水果、电视节目以及空调温度有一定的偏好，酒店方面如果在客人入住前就提前做好安排，当客人一打开房间，看到房间里摆放着自己喜欢吃的水果，播放着自己喜欢的节目，房间的温度非常舒服，客人对酒店就会有很好的第一印象；如客人对上次入住酒店有不好的印象，酒店的控房员在提前排房时，看到系统的提示，就可以根据酒店的入住率为客人做一次免费的升级，并留在系统中告知前台的员工，前台员工在办理入住问候客人时就可以提到这个个性化的安排，对客人来说是多么惊喜。

因此，可以说数据中蕴含着出奇制胜的力量，如果酒店管理者善于在市场营销中加以运用，将成为酒店在市场竞争中立于不败之地的利器。

大数据时代，做好营销需要准备什么？

准备一：确定企业的短中期目标和标准

大数据的资源极为繁杂丰富，如果企业没有明确的目标，就算没有走入迷途至少也会觉得非常迷茫。因此，首先要确定企业运用大数据的短中期目标，定义企业的价值数据标准，之后再使用那些能够解决特定领域问题的工具，逐步推广，步步为营，不要把理想定得太高，否则会很失望。

准备二：备好大数据相关技术人才

企业运用大数据为营销管理服务之前，技术团队要到位是基础。企业的营销团队要能够非常自如地玩转数据。

准备三：解决碎片化问题

企业启动大数据营销一个最重要的挑战，就是数据的碎片化。许多公司组织中，数据都散落在互不连通的数据库中，而且相应的数据技术也都存在于不同部门中，如何将这些孤立错位的数据库打通、互联，并且实现技术共享，才是能够最大化大数据价值的关键。营销者应当留意的是，数据策略成功将提升网络营销成效，要诀在于无缝对接网络营销的每一步骤，从数据收集到数据挖掘、应用、提取洞悉、报表等。

准备四：培养内部整合能力

要做好大数据的营销运用，其一，要有较强的整合数据的能力，整合来自企业各种不同的数据源、各种不同结构的数据，如客户关系管理、搜索、移动、社交媒体、网络分析工具、普查数据以及离线数据，这些整合而得的数据才是定向更大目标受众的基础。其二，要有研究探索数据背后价值的能力。未来营销成功的关键将取决于如何在大数据库中挖掘更丰富的营销价值，比如站内、站外的数据整合，多方平台的数据接轨，结合人口与行为数据去建立优化算法等都是未来的发展重点。

3.收益管理

收益管理作为实现酒店收益最大化的一门理论学科，近年来已受到业界的普遍关注并加以推广运用，收益管理的含义是把合适的产品或服务，在合适的时间，以合适的价格，通过合适的销售渠道，出售给合适的顾客，最终实现酒店收益最大化目标。要做到以上五个要素的有效组合，图4-6所示的三点是此项工作的三个重要环节。

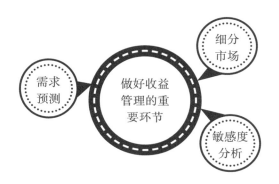

图4-6　做好收益管理的重要环节

（1）需求预测。需求预测是通过数据的统计与分析，采取科学的预测方法，通过建立数学模型，使酒店管理者掌握和了解潜在的市场需求，未来一段时间每个细分市场的订房量和酒店的价格走势等，从而使酒店能够通过价格的杠杆来调节市场的供需平衡，并针对不同的细分市场来实行动态定价和差别定价，具体如图4-7所示。

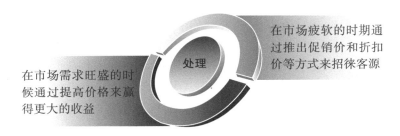

图4-7　需求预测后的处理

通过以上措施的实行，以此来保证酒店在不同市场周期中的收益最大化。需求预测的好处在于可提高酒店管理者对市场判断的前瞻性，并在不同的市场波动周期以合适的产品和价格投放市场，获得潜在的收益。

（2）细分市场。细分市场为酒店准确预测订房量和实行差别定价提供了条件，差别定价是通过对同一种酒店产品（如同类型的客房、餐食和康体项目等）按不同的细分市场制定不同价格的行为和方法，其特点是对高支付意愿的顾客收取高价，对低支付意愿的顾客收取低价，从而把产品留给最有价值的顾客。其科学性体现在通过市场需求预测来制定和更新价格，最大化各个细分市场的收益。

（3）敏感度分析。敏感度分析是通过需求价格弹性分析技术，对不同细分市场的价格进行优化，最大限度地挖掘市场潜在的收入。酒店管理者可通过价格优化方法找到酒店不同市场周期每个细分市场的最佳可售房价，并通过预订控制手段为最有价值的顾客预留或保留客房，较好地解决了房间因过早被折扣顾客预订而遭受损失的难题。

大数据时代的来临，为酒店收益管理工作的开展提供了更加广阔的空间。需求预测、细分市场和敏感度分析对数据需求量很大，以往多根据采集的酒店自身的历史数据来进行预测和分析，容易忽视外界市场信息数据，难免使预测的结果存在一定的离差。酒店在实施收益管理过程中如果能在酒店自有数据的基础上，借助更多的市场数据，了解更多的市场信息，同时引入竞争分析，将会对制定准确的收益策略，赢得更高的收益起到推进作用。

4. 客评管理

网络评论，最早源自互联网论坛，是供网友闲暇之余相互交流的网络社交平台。过去，顾客住店后对酒店在互联网上的评价，也就是我们常说的客评并没有引起酒店管理者的足够重视，针对顾客反映的问题，多数酒店没有做到及时的回复甚至是根本不回复，日常管理中是否及时解决了客评中反映的问题就更不得而知了，这不仅拉大了与顾客之间的距离，而且顾客与酒店之间的信息显得更加不对称，失去了酒店与顾客情感互动和交流的机会。

随着互联网和电子商务的发展，如今的酒店客评已不再是过去简单意义上评论，已发生了质的转变，由过去顾客对酒店服务简单表扬与批评演变为多内容、多渠道和多维度的客观真实评价，顾客的评价内容也更趋于专业化和理性化，发布的渠道也更加广泛。因此，如今的客评不仅受到了酒店管理者的重视，更是受到消费者的高度关注。

有市场调查显示，超过70%的客人在订房前都会浏览该酒店的客评，成为主导顾客是否预订这家酒店的主要动机因素之一。从某种角度看，客评在互联网走进人们生活的今天已成为衡量酒店品牌价值、服务质量和产品价值的重要要素。多维度地对客评数据进行收集、统计和分析将会有助于酒店深入了解顾客的消费行为、价值趋向和酒店产品质量存在的不足，对改进和创新产品、量化产品价值，制定合理的价格及提高服务质量都将起到推进作用。要做到这一点，就需要酒店平时善于收集、积累和统计客评方面的大量数据，多维度地进行比较分析，从中发现有价值的节点，将会更有益于推进酒店的营销和质量管理工作，从中获取更大的收益。

运营指南

只要酒店平时善于积累、收集、挖掘、统计和分析这些数据，为我所用，都会有效地帮助酒店提高市场竞争力和收益能力，赢得良好的效益。

三、酒店大数据应用的步骤

不少酒店经营者都存在这样一个思维误区：只要拥有了数据，就拥有了价值；数据越多，就代表价值越多。这种思路本身是没有错误的，但在发展过程中，许多从业者对数据的理解和认知还停留在极浅的层面，他们并没有意识到，数据本身是没有价值的，只有加以分析和利用之后，才会产生价值。而价值的大小，也因分析方式、使用方式的不同而异。因此，酒店经营者应按图4-8所示的步骤来加强大数据在酒店管理中的应用。

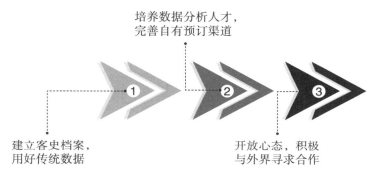

图4-8 酒店大数据的应用步骤

1.建立客史档案，用好传统数据

客史档案的建立，是酒店CRM（Customer Relationship Management客户关系管理）的基础。通过CRM增加客户忠诚度、提升利润，是国外酒店市场20世纪80年代就在琢磨的事情了。

> 比如，客人一到酒店后，便会在房间发现自己常用的洗浴用品，在茶几上找到自己常读的杂志，在餐厅收到定制的特殊食品，都是优秀CRM的案例。这些看似奇妙的故事总会让酒店管理者怦然心动，但只要做好客史档案、善用传统数据，这些事件也有可能在自己的酒店上演。

酒店的传统数据，包括但不局限于出租率、平均房价、RevPAR、GOP等。对于使用PMS系统的酒店而言，这类数据的归纳整理显然不是问题。因此，对这类数据展开精细分析，除了能够帮助酒店开展CRM外，还可以帮助酒店明确经营变动轨迹，在一定程度上总结出市场变动规律。

2.培养数据分析人才，完善自有预订渠道

当今行业内，除了部分已经非常重视数据化发展的大型集团外，多数酒店品牌是没有专门的数据分析、研究人才的，尤其是中小型甚至单体酒店，其原因如图4-9所示。

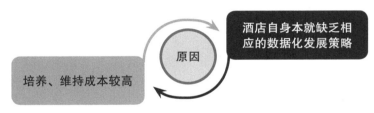

图4-9　酒店缺乏专门数据人才的原因

但如今随着互联网+、云计算等趋势的不断深入,各行业受到影响的剧烈程度非往日可比。在未来的发展过程中,专业力量的继续缺失,终将暴露弊端。

而自有预订渠道的完善,可以一定程度上带来引流,从而将"住前数据"从OTA手中夺回。这部分的完善,一方面指官网、微信、APP等渠道的建设,另一方面也指会员制度,要对在自有渠道预订的客户给予更多开放权益。

3.开放心态,积极与外界寻求合作

目前,越来越多的专业数据服务平台在市场中涌现。基于技术实力和团队,这类平台能够为企业提供海量数据的深度分析服务,提升合作方的整体信息利用率和决策能力。

相比互联网和科技领域的企业而言,酒店集团仍然比较传统。在条件合适的前提下,与专业的数据平台展开合作,也许会成为下一个行业热点趋势。对于实力更为强劲的大型集团,选择成立自己的数据分析团队,也并非不可能。

四、酒店大数据应用的措施

我国酒店信息化建设起步较晚,多数酒店对大数据的利用仍停留在传统的数据"单纯"处理阶段。因此,应从以下几方面出发,将大数据充分运用于酒店市场拓展、顾客需求分析等方面,提升酒店经营管理水平。

1.数据管理标准化

为了确保酒店管理更加科学化与自动化,应采取良性循环发展的酒店管理方式。具体措施如图4-10所示。

 酒店管理者应适度处理庞大的酒店管理数据量,简化酒店数据管理,促使酒店行业内信息与数据更加标准化

 酒店管理层方面应合理运用大数据,精确市场定位,创造新用户的价值与酒店管理的商业模式,帮助酒店规定出符合酒店实际状况的经营管理模式

 在面临技术和市场快速发生变化时,应及时做出适当的反应与调整,有效运用大数据技术,推动酒店业的与时俱进

图4-10　数据管理标准化的措施

2.信息管理安全化

目前，技术系统设计存在漏洞、客户信息泄露等问题经常在各酒店发生，威胁着酒店经营管理与发展。因此，酒店的大数据管理系统应及时更新，设置出专门的技术部门，专业负责酒店客户、运营相关信息安全，提高酒店相关信息安全的加密性能，降低隐藏的信息安全风险。并且，通过注重酒店数据的安全性，保证酒店信息的正常流动。

> **运营指南**　相关技术部门可设计酒店数据管理的具体标准，做好信息安全管理，提升消费者满意度，提高酒店收益率与影响力。

3.酒店建设智慧化

大数据环境下，构建智慧型酒店经营管理模式是推动酒店业健康长远发展的主要力量。客房建设是酒店业经营管理的主要组成部分，因此，酒店业经营管理者应不断提升认识，积极投入智慧型酒店客房的建设。具体措施如图4-11所示。

应利用线上酒店预订平台，开展相关合作，搜集线上酒店信息，实现网络共享的大数据库。具体而言，整合酒店内部系统信息，与酒店外部之间形成资源共享，进而构建智慧型酒店经营管理

酒店研究部门应积极开发酒店信息系统，充分借助现有在线交流平台，构建一个独立型的信息收集平台，并收集客户信息，构建健全的客户信息数据库

图4-11　酒店建设智慧化的措施

4.数据运用理念化

有效的酒店经营管理离不开大数据技术的支撑，因此作为酒店经营管理者应不断加强运用大数据技术的理念。具体措施如图4-12所示。

应培养专业技术人才,树立酒店信息以及数据双向交流的理念。具体而言,酒店应开展大型培训活动,提供内部数据培训,培育专门监管数据的专职人员,让酒店人员学习到大数据技术知识

 应考虑设立大数据技术培训课程,分别设立酒店信息相关数据收集、整理与分析部门。通过分设部门,将酒店数据细分,方便酒店人员对数据的使用,提高数据利用率。增强酒店各部门之间的协作关系,保证各部门之间有效管理与沟通,进而提高酒店经营管理效率

图4-12　数据运用理念化的措施

酒店如何利用大数据做好差异化服务

差异化服务也叫个性化服务,个性化服务是相对于酒店规范的标准化服务而言的,是通过数据收集、分析、整理、分类得出某一个或某一类客户的消费习惯或喜好,在该客人下次来消费时主动向用户提供和推荐相关信息,以满足用户的最大化的个性服务需求。个性化服务打破传统的标准化和被动服务模式,并充分利用自身资源优势,定制特殊服务项目,以满足用户个性化需求为目的的全方位服务。所以要想做到差异化服务就要做到以下几点。

1.利用大数据系统做好数据收集是基础

酒店的产品相比于其他产品,差异化很小,如何能够为有差异化需求的客人提供差异化服务,这就要求我们利用好大数据,从客人每次的消费习惯着手,做好客人消费数据记录。

(1)餐饮消费中要了解清楚:餐饮消费时间;消费金额;宴请人数;喜欢哪个包厢用餐;喜欢哪些菜肴;饮用什么品牌的白酒、红酒、饮料;酒量如何;结账方式;是否索要发票等。

(2)客房消费要了解清楚:客人习惯什么房型、朝向、楼层;付款方式;房间物品使用情况;是否多配备几个衣架;喜欢什么电视节目等。

数据收集是个性化服务的基础,只有收集好客人消费的详细数据才能进行下一步的分析。

2.数据分析整理是关键

经过长期的数据收集整理,我们掌握了客人的一系列消费习性,我们就要对这些消费习性进行分析,找出客人在酒店消费项目频率,然后确定客人消费习惯是什

么，最后才能投其所好，所以数据整理分析是关键。

3.量身定做产品是个性化服务的最终体现

我们根据前两步得出的结果为客人定制最合适的服务项目并做到精准的推销和广告投放，而且是让客人感到惊喜的。

比如，在客人提出想用餐，我们可以直接提供客人最想要的包厢号，安排最喜欢的菜肴、最爱喝的红酒……

当客人想住房的时候我们直接为客人安排最喜欢的楼层、房号、朝向……我们总是把服务做在客人开口之前，处处让客人感到惊喜，客人要求的，我们做到了，客人只会给60分，客人没有要求的，我们做到了就可以给90分，这种服务才能成为留住客人的差异化服务。

第三节 酒店大数据应用案例

在大数据的助力下，酒店业如何实现精准营销？如何设置最合适的房价，让盈利最大化？请看以下案例，看酒店业如何在大数据时代展现更多活力。

一、利用大数据进行精准营销

酒店利用大数据改变与用户的联系和交易方式，往往容易实现精准营销的目的。

1.美国的Red Roof Inn

Red Roof Inn（红树屋酒店）是美国经济型连锁酒店，该酒店旗下的许多酒店毗邻各大机场。2013年冬季，受航班大面积取消的影响，9万多名旅客滞留机场。酒店的营销和分析团队基于旅客使用移动互联网查找附近酒店的行为习惯，充分利用获取门槛极低的天气数据和航班数据，进行大数据分析后，将酒店信息推送给最有可能受航班延误影响的旅客，最终业绩创了冬季旺季的纪录。

2.美国的Denihan Hospitality

美国的另一家连锁酒店Denihan Hospitality拥有多家精品酒店，包括James和Affinia酒店等品牌。Denihan酒店的精准营销，在使用IBM分析技术来汇总连锁店的交易数据和客户数据之外，非常重视客人在评价网站上的反馈等非结构化数据的使用。这家连锁酒店在评估客户反馈信息和交易数据后，做出了数据驱动的战略性决策，重新布置了许多客房。

> 比如,为家庭集体出行的旅客提供更多浴室存放架、提供小厨房等。这家连锁酒店还将数据分析的职责交到前台接待人员手中,在工作人员的手机上配备仪表盘,帮助他们预测客人在入住期间的需求,比如餐饮、礼宾、观光等,预测信息发送给客房服务人员后,客房服务的定制化得以保证,比如凌晨两点为客人送上咖啡和三明治。基于大数据的定制化服务能够帮助酒店在细节处体现品牌差异。十一出行期间,如果你享受到了酒店的定制化服务,这背后一定有大数据的功劳。

二、利用大数据确定房价

在酒店业中,使用大数据确定房价已经成为潮流。

1. 万豪酒店

万豪酒店就是通过非结构化和半结构化的数据集(天气预报、当地活动时间表等)来预测需求量,从而确定每一间房在全年中最合理的价格。

通过对天气预报、当地经济变动和市场活动的整理,万豪能够在大数据分析系统的帮助下,预测出某一时间段内的市场需求,从而制定出最趋于合理、最具竞争力的房价。这在消费者普遍拥有比价习惯的当今市场来说,是至关重要的一点。

2. 喜达屋酒店

喜达屋酒店及度假村集团在大数据和分析技术上的投资一直保持着较大的力度。该集团在世界各地拥有1200家酒店,他们的大数据系统会结合当地及世界经济因素、活动和天气预报等信息,来确定最优房价。

> 比如,通过分析北美地区天气对高净值人群的心理影响,来确定该人群目标度假地的酒店房价,并通过房价促销或者其他营销活动来吸引目标人群。数据显示,这个策略让客房收入增长了近5%。

三、利用大数据提升酒店综合收益

当前,线上酒店的覆盖率已经超过90%,面临新一代年轻用户需求的多样化以及酒店行业成本与经营压力的提升,线上酒店要从享受用户和流量带来的红利转向精细化运营。而O2O网站大数据既可以从品类维度等方面帮助酒店实现用户增量,也可以提供基于场景的用户画像,帮助酒店提升综合收益。

以美团点评为例，该平台在一站式服务用户多种需求的同时，给酒店收益的提升带来了机会。数据显示，32%的用户在入住酒店的时候有美食需求，17%的用户有休闲娱乐需求。发现这些需求后，平台通过提供"住宿+餐饮"的打包服务，使流量提升了将近17%，酒店的增量收益也接近20%，效果非常明显。

传统情况下，人们认为价格是影响酒店消费者选择的主要因素，但通过O2O大数据分析发现，价格在影响因素中的权重并不高，反而是图片、差评信息等带来的影响会更大。有些因素在短期内无法改变，比如酒店的位置、线上用户评论量等，但是酒店可以针对差评方面进一步展开工作，比如通过提供免费早餐的方式来吸引用户。

美团点评对用户的分析基于两个维度，一方面是年龄、职业、收入等基础数据，另一方面是习惯、偏好等行为数据，在两个维度的基础上对用户需求进行把握，能为酒店精准营销提供针对性的建议。

四、利用社交平台，优化品牌声誉

四季酒店集团在数据化运营上的探索成效，具体表现在对社交媒体运用的成熟上：通过社交媒体与消费者保持互动，持续收集顾客反馈，挖掘潜在需求，进而优化品牌声誉和点评。

以其曾进行的婚礼策划专题为例，四季酒店专门开设了Twitter和Pinterest账号，在平台上向消费者提供来自酒店方的专业建议，同时为其分享酒店过往的婚礼故事和案例。通过这类互动，四季酒店得以收集到大量用户信息，其中许多都是酒店的潜在目标客户。再根据用户对活动的兴趣程度差异，进行有差别的引导，从而促进产品销售。

再比如四季酒店曾举办过的Maxine畅游曼哈顿竞猜活动，同时启用了包括Pinterest、Twitter、Instagram和Vine在内的多个社交平台，通过对上述平台用户数据的挖掘对比（如用户习惯分享的内容是否与家庭出行有关、是否迫切地渴望家庭出游等），最终精准地定位到了目标客户群（有家庭周末旅行需求的）。而活动取得的效果也十分显著：酒店在周末的收入同比增长6%，Facebook粉丝增长10%，Twitter粉丝增长19%。

五、利用数据预测，推动内部运营

凯悦作为全球知名的国际高端酒店品牌，也是较早应用大数据的代表之一。其在大数据应用版块的一大亮眼成就，便是数据预测项目。通过深挖数据，分析顾客如何、何时以及在何处预订自己的酒店，并在此基础上调整营销策略，此举已经让凯悦能够更有效地向已预订客房的客户进行追加销售。

早在2014年，凯悦就在美国推出过一个项目，它更加关注预订完成后顾客的需求变化。最终，它为凯悦带来的平均房间增量营收相较2013年增长了60%，这都归功于数据的精确分析。

而数据运营团队和一线销售团队间的协同也非常重要。基于数据提出相应的销售建议，随后及时获取反馈（客户是否有追加客房购买），以此不断优化大数据运算逻辑，保持高效性。

此外，凯悦还将数据预测项目推广至整个集团的内部运营中，引入大量预测分析工具。这样做的目的在于，让所有人都对数据拥有较直观的了解，明白如何分析数据、如何做出反应。

CHAPTER FIVE 第五章 互联网+智慧酒店建设

导语：

智慧旅游建设，是文化和旅游部在十八大精神指导下，促进旅游业经济发展和服务质量提升的一项重要举措。作为智慧旅游的一部分，智慧酒店的建设，是中国酒店业产业结构调整、升级的重大契机和必然选择。

第一节 智慧酒店的概述

对于酒店业来说,顺应时代发展,以移动互联网应用为重点,以大数据应用为核心的大数据"智慧酒店"时代已经悄然来临。

一、智慧酒店的内涵

1.智慧的含义

人们一般理解的智慧,是从狭义角度来说的,智慧就是高等生物所具有的基于神经器官(物质基础)的一种高级的综合能力,包含有感知、知识、记忆、理解、联想、情感、逻辑、辨别、计算、分析、判断、文化、中庸、包容、决定等多种能力。

2.智慧酒店的定义

智慧酒店建设隶属于智慧旅游,根据2012年5月10日北京市旅游发展委员会发布的《北京智慧酒店建设规范(试行)》条例,智慧酒店的表述是:运用物联网、云计算、移动互联网、信息智能终端等新一代信息技术,通过酒店内各类旅游信息的自动感知、及时传送和数据挖掘分析,实现酒店"食、住、行、游、购、娱"旅游六大要素的电子化、信息化和智能化,最终为宾客提供舒适便捷的体验和服务。我们把智慧酒店理解为:酒店拥有一套完善的智能化体系,通过经营、管理、服务的数字化、智能化与网络化,实现酒店个性化、人性化服务和高效管理。如图5-1所示。

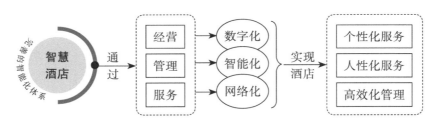

图5-1 智慧酒店的定义

3.智慧酒店的内涵

智慧酒店是基于满足住客的个性化需求,提高酒店管理和服务的品质、效能和满意度,将互联网、物联网、无线通信技术等信息化与酒店经营、管理相融合的高端设计,是实现酒店资源和社会资源有效利用的管理变革。其突出了提供服务的人的行为,以及服务向智能服务的转变,服务过程更具智慧化。

因此，智慧酒店应以提高盈利水平，提升客人体验为目的，体现提高营收、节能降耗、减员增效之价值，依托设备、设施，实现智能化，依托人和各类技术，实现信息化，以人为本、以客户为本、以员工的利益为本、以企业的利益为本。

二、智慧酒店的表现形式

智慧酒店有图5-2所示的三种表现形式。

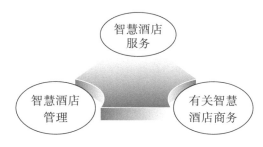

图5-2　智慧酒店的表现形式

1.智慧酒店服务

服务本身就是酒店行业的核心业务，是酒店发展好坏的关键因素。由此，智慧服务也引申为智慧酒店的核心业务，是驱使智慧酒店前进的关键因素。主要表现的形式是酒店利用信息化的技术来为住店客人提供更优质的服务，尽可能地满足住店客人在酒店内所有的合理需要。在改善酒店服务质量的时候，也相应提升旅游的服务质量。目前，智慧酒店服务方面，重点在于智慧酒店的服务项目的开发以及多语言针对国际客的服务。

2.智慧酒店管理

智慧酒店的管理主要是针对酒店各部门的管理而言的，是酒店综合利用智慧化的信息技术对酒店进行智慧的统一有效管理，为全面提高酒店的管理水平，为创造更高的管理效益提供便捷。

服务质量的好坏直接影响酒店的效益和形象，智慧酒店的智慧管理能加速酒店的管理速度以及提高顾客满意度。

> 比如，北京的××酒店，其自身的管理系统，分布在各个部门之间，对于顾客的要求都存档记录，每位客人的喜好或是要求都被简短精练地一一记录在内，凡有权限的人都能及时地调出每位客人的信息资料，或提前或及时地为客人提供其所需的服务。

这样的管理，大大提升了服务质量，避免了同样的错误发生，而且凡是入住的客人都会有自己的档案记录，也为客人二次入住时提供了便捷。

3.有关智慧酒店商务

现在商务酒店很多，而智慧酒店商务是在旅游电子商务和旅游商务的基础上再进一步的发展，是酒店运用新的智能技术进行开发的一种新的运行模式。主要是利用各种技术开展电子商务的活动，为住店客实现商务的智慧化，提高商务的价值。智慧酒店的商务建设重点在于电子商务方向以及智慧酒店的网上营销。

三、智慧酒店的特点

相对于传统酒店来说，智慧酒店具有图5-3所示的特点。

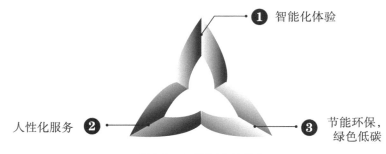

图5-3　智慧酒店的特点

1.智能化体验

智慧酒店拥有一套完善的智能化体系，能够带给客户更加智能化的体验。智能化体系包括智能酒店管理系统、智能酒店娱乐休闲系统、智能信息服务、智能客房服务等，是一个依托现代技术的全方位智能化系统。

> 比如，连接到iPhone上的"猫眼"，通过iPhone手机的屏幕，就能够显示门外面的画面，或者酒店的自助订房、身份识别、智能温控系统等方方面面。

2.人性化服务

智慧酒店建设的目标是让住客满意，而人性化是最能提升住客满意度的方面。智慧酒店的人性化建设，需要从提供人性化的酒店设施、经营管理、酒店服务等多方面入手，以高科技为依托，在信息化、智能化建设中，充分考虑住客需求，体现人性化。

3.节能环保，绿色低碳

智慧酒店的绿色环保是其重要特征之一，也是酒店建设需要考虑的要点之一，这个特点可以通过图5-4所示的几个方面体现。

1. 酒店的无纸化办公、环保办公用品的使用等，实现了内部系统的绿色环保

2. 建立能源运行监测系统，对酒店电、热、水、暖、气等能源系统的智能调节与监控

3. 采用节能的LED照明系统、冰蓄水、地源热泵等新技术，降低能耗

图5-4　智慧酒店节能环保的表现

四、建设智慧酒店的意义

随着网络的普及，传统行业的传统模式势必会受到冲击，而智慧酒店这个概念的出现，也无疑会让传统的酒店行业开启一个全新的时代。具体来说，建设智慧酒店具有图5-5所示的意义。

01　是酒店升级换代的重要举措
02　是满足住客个性化需求的必然选择
03　是为住客提供多样化服务的主要渠道

图5-5　建设智慧酒店的意义

1.是酒店升级换代的重要举措

酒店企业转型升级的基础是酒店产品的升级换代。传统酒店企业为住客提供的多为直接的、面对面的线下酒店产品服务。而智慧酒店的建设，一方面将逐步改变酒店的经营模式，由于在线营销系统大大节约了酒店的经营成本，因此酒店传统的经营模式将被引导到全新的智慧平台之上，由线下服务转为线下线上相结合的经营模式；另一方面，智慧酒店的平台也是酒店充分展示形象和提供产品的平台，建设智慧酒店有利于促进酒店产品的深度开发，进一步扩大酒店资源的综合效益。

2.是满足住客个性化需求的必然选择

随着现代经济的飞速发展，旅游业也跟着飞速上升，因此大量的住客对住店的要求也是不断上涨，而且需求各式各样。那如何去满足住客的个性化需求就成了现在酒店的新难题。按照以往传统酒店的经营模式几乎是不可能解决这一难题的，那么将传统的酒店升级成智慧酒店就是必然的趋势。利用现代的科技手段将图5-6所示的旅游六要素进行归类整合，为住客提供相应的系统化的服务，才能实现现阶段酒店的革命。

图5-6 旅游六要素

3.是为住客提供多样化服务的主要渠道

智慧酒店是将各个信息笼络、贯穿,包含了所有关于旅游地的如商业、交通等多方面的子系统,住店客能通过酒店的智能终端,来获取智能化的服务,与此同时,各类信息也是唾手可得,可为住店客提供更多及时的信息。

五、建设智慧酒店的好处

未来酒店的竞争,已不再是酒店设施、装潢等之间的区别,更多的是智慧酒店智能化系统的完善与发展程度,是否拥有一个完善的智能化系统,将成为酒店极具吸引力的最大卖点之一。具体来说,建设智慧酒店具有图5-7所示的好处。

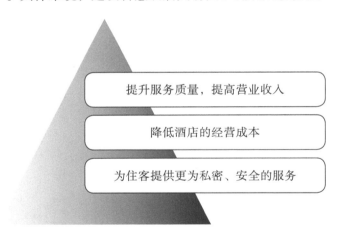

图5-7 建设智慧酒店的好处

1.提升服务质量,提高营业收入

智慧酒店以智能化、信息化的优势可以实现相关设备的智能化服务,可以让住客与酒店服务始终处于在线的服务模式,从而有效提升高效率的服务。

比如,在消费者提出远程服务需求的时候,酒店可以通过在线服务及时为住客做好个性化服务准备,提升住客对酒店服务的满意度。

智慧酒店可以通过为消费者提供个性化、多元化的价值服务，提升智慧酒店的综合竞争力，以高效率、智能化服务模式为智慧酒店创造翻倍的营业收入。

2. 降低酒店的经营成本

酒店经营成本中最为重要的一点是酒店能耗，以智能化的模式来控制好酒店的能耗可以最大限度地降低酒店的经营成本。

> 比如，智慧酒店可以通过智能化设置实现简单快捷的清扫模式，在提升清扫工作效率的同时最大限度降低经营成本；还可以降低智慧酒店在装潢方面的成本，以装饰的便捷性、品质性以及智能化取代奢华的装潢；最后可以通过"酒店云"为酒店创造一个高效快捷的营销渠道。智慧酒店将在智能化服务氛围下为消费者提供高效、低成本、高品质的智能服务体验。

3. 为住客提供更为私密、安全的服务

为住客提供安全私密的酒店服务历来是酒店的核心关注点。智能化酒店管理可以让消费者通过智能终端获得各类资源信息，获得舒适、安全、私密的智能服务体验。智能理念的植入将成为智慧酒店的闪耀风景，为消费者提供耳目一新的体验之旅。

第二节 智慧酒店的发展

随着大数据时代的来临，中国各行各业都在发生着变革，包括酒店业。目前，中国智慧酒店业开始迅速发展，并取得了显著成效。

一、智慧酒店的发展背景

1. 技术背景

如今移动互联网、云计算、移动位置服务、物联网、人工智能等信息技术快速发展，为智慧生活提供了必要的技术支持，也为智慧酒店发展提供硬件支撑。具体来说，智慧酒店发展的技术背景如表5-1所示。

表5-1 智慧酒店发展的技术背景

技术类型	技术特征	在智慧酒店中的运用
互联网	又称国际网络，这些网络以一组通用的协议相连，形成逻辑上的单一巨大国际网络	互联网是酒店智慧化的基石，渗透在智慧酒店的各个环节
云计算技术	是基于互联网的相关服务的增加、使用和交付模式	智慧酒店中对云计算的应用主要体现在新一代互动服务平台，依据领先的显示技术、流媒体呈现技术和网络通信技术，实现电视、网络多媒体和交互服务的完美结合。对酒店的资源进行充分利用和共享，并实现优化管理，并实现与智慧城市的有效衔接
物联网技术	物联网的核心和基础仍然是互联网，是在互联网基础上的延伸和扩展的网络，其用户端延伸和扩展到了任何物品与物品之间，进行信息交换和通信，也就是物物相连	物联网在智慧酒店中的应用主要体现在身份安全识别、照明、空调、窗帘、报警等智能物联执行，以传感终端软硬件产品资源整合
移动通信技术	是物联网的一种连接方式，智能手机和掌上电脑移动4G网络的普及、宽带的提高、更快的数据传输速度、无所不在的移动接入、高智能化的网络特性都将为智慧酒店提供更便捷的服务	移动通信技术的革新在智慧酒店的应用非常广泛：客房移动服务终端、顾客手机移动终端（个人手机、平板电脑等）
人工智能	云计算和物联网技术是人工智能的基石，人工智能就是用来有效处理与使用数据、信息和知识，利用计算机推理技术进行决策支持并解决问题的关键技术	人工智能是智慧酒店的内核技术，人工智能在智慧酒店的应用主要体现在智能恒温系统、借助语音识别技术自动完成电话客服、声音识别核实来电者身份等
虚拟现实	虚拟现实是利用电脑模拟一个三维立体空间，产生一个以视觉感受为主，同时兼顾听觉、触觉的模拟空间，让使用者如同身历其境一般，观察三维空间内的事物	虚拟现实技术在智慧酒店中主要应用于运用三维全景混染现实系统技术，客人以第一人称视觉虚拟漫游酒店，不出房间即可虚拟在餐厅、会议室、康体中心、购物中心等地体验，引发客人消费的欲望

2.时代背景

进入21世纪以来，信息技术革命浪潮席卷全球，推动了互联网的快速普及和发展，成为信息化的重要工具和平台。

截至2017年12月，我国网民规模达7.72亿，普及率达到55.8%，手机网民规模达7.53亿，有97.5%的网民通过手机上网，WiFi无线网络成为网民在固定场所下的首选接入方式。随着手机终端的大屏化和手机应用体验的不断提升，手机作为网民主要上网终端的趋势仍将进一步提升。

以互联网信息技术为基础，随着微博、微信等手机社交工具以及微视频、微电影兴起而掀起的"微"营销浪潮，随着科学技术的进步带来的旅游相关APP软件的个性化使用，随着艺龙、去哪儿、携程等旅游综合性网站带来消费者预订、出游方式的转变，传统的酒店业营销方式也发生翻天覆地的改变，智慧酒店能很好地顺应与应用酒店业经营方式的变化。

3. 政策背景

继2009年《国务院关于加快发展旅游业的意见》中提出"以信息化为途径，提高旅游服务效率"，2011年《"十二五"旅游业发展面临的战略机遇》指出"推动信息技术的广泛应用、加强旅游公共信息服务、积极发展旅游电子商务、推进信息基础设施和能力建设及加快旅游信息化管理体制机制转型"后，全国各地对智慧旅游的发展推进便一发不可收拾。

而在2014年，文化和旅游部更将旅游业发展主题定为"智慧旅游"，要求各地引导智慧旅游城市、景区等旅游目的地建设，促进以信息化带动旅游业向现代服务业转变。同年1月15日，"中国智慧酒店联盟成立大会"也在福州举办，标志着中国智慧酒店联盟的正式成立，我国智慧酒店建设与发展进入新阶段。

二、智慧酒店的发展瓶颈

随着智慧酒店不断发展，新生代酒店开始采用各种智能化技术装点酒店，这是人类进步及酒店业市场发展的必然趋势。然而，作为智慧酒店的萌芽时代，智慧酒店的开发在具备节能、环保等多项优点的同时，也存在一定的发展瓶颈，具体如图5-8所示。

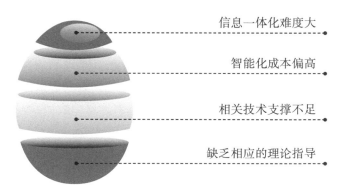

图5-8　智慧酒店的发展瓶颈

1. 信息一体化难度大

智慧酒店建设涉及政府、酒店、订房中心、旅行社等多个因素，信息一体化建设中需要耗费大量人力、物力和财力，达到信息系统的整合与共享是智慧酒店建设的一道屏障。

2. 智能化成本偏高

智慧酒店的基础是信息技术及其衍生的各类智能技术，因此，现代通信与信息技术、计算机网络技术、行业技术、智能化设备等的引进和更换是酒店智慧化的前提，新型智能化程度的提高必然导致酒店建设成本的大幅增加。

3. 相关技术支撑不足

目前，智慧酒店发展尚处于萌芽期，作为智慧酒店关键技术之一的物联网技术还有待继续发展，其云端技术需要再完善；云计算的开源和共享带来的安全问题也不能让人十分放心；另外支付技术有待进一步发展，消费者的支付习惯需要引导。

4. 缺乏相应的理论指导

智慧酒店的建设是一项长期而艰巨的系统工程，它所涉及的不仅是技术问题，更是管理问题，不是短期建设问题，更是长期运营问题。目前，我国智慧酒店建设暂缺乏规范性管理，建设的盲目性相当大，不利于智慧酒店体系的健康发展和相关产业的协同合作。

三、智慧酒店的发展趋势

未来智慧酒店建设，必定会以"绿色、创新、和谐"为建设理念，在"智慧管理、智慧营销和智慧服务"上下功夫，以现代科技为指引，真正去实现酒店全方位的智慧化。

1. 运用手段上

将来运用手段将更加信息化、数字化、智能化、网络化、互动化、协同化、融合化，在表现形式上充分体现平台化、个性化、支付手段多样化。通过科学技术平台、个性化服务平台以及综合服务平台打造核心价值体系，实现酒店产品的深度开发和信息资源的有机整合，实现酒店资源与社会资源共享与有效利用的管理变革，同时实现科技创新价值、产业支撑价值、经济效益价值以及社会拉动价值。

2. 技术应用上

在技术上将广泛使用超声波、人脸识别、智能穿戴设备、虚拟现实、遥感、卫星定位和精准导航（类似喵街）、3D打印、混合云、万物互联、人工智能（AI，包括机器人、语音识别、图像识别、自然语言处理和专家系统等）等高科技以及多样化的移动设备。应用ERP系统、前台人脸识别系统、公共区域内部导航系统、虚拟体验系统、收益系统、数据分析系统、经营决策系统、送物和交流及多项服务智能机器人。

未来智慧酒店的场景展现

（1）内部导航。即先确定要去的房间、车位、会议室、餐厅、住宅、商场、柜台等，用APP、微信、内部地图等进行手机导航至目标。

（2）停车场。可采用超声波和地感线圈监管车位占用情况，引导场内停车。

（3）人工智能服务。未来酒店将采用国内最先进的智能管理系统，同时将在服务台、大厅、走廊、房间内等安置机器人，从办理入住、人脸识别开房到开启灯光、窗帘，包括咨询、景点介绍、行李运送甚至互动娱乐，为客人提供周到的服务，提升客人的新奇感。

未来酒店机器人将突破行业传统技术方案的瓶颈，解决集成度低、稳定性差、功耗偏高等问题，可使酒店的平均费用节省三分之二左右，且能巧妙利用酒店空间，实现遥控器一键切换电视、电脑等不同功能，使用更便捷。

第三节　智慧酒店实施

面对科技不断发展的今天，智能互联网时代已经涉及各行各业的方方面面。传统的酒店经营管理模式已经不适应现代酒店管理的需要，而智慧酒店的出现正是对酒店传统服务模式的一种颠覆，它将是一套服务智能化、管理高效化的智能管理平台，使酒店的管理更高效、更便捷。

一、智慧酒店应实现的功能

酒店智能化是一个不断丰富、发展的领域。酒店作为直接面对客人提供服务的场所，应充分考虑个人隐私、个性化的需求，以及感受到高科技带来的舒适和便利。同时，酒店物耗、能耗、人员成本，也应考虑降到最低，创造效益。因此智慧酒店至少应实现图5-9所示的各项功能。

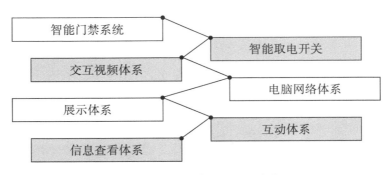

图5-9 智慧酒店应实现的功能

1.智能门禁系统

智能门禁安全管理系统是新型现代化安全管理系统，它集微机自动识别技术和现代安全管理措施为一体，它涉及电子、机械、光学、计算机技术、通信技术、生物技术等诸多新技术。它是解决重要部门出入口实现安全防范管理的有效措施。

2.智能取电开关

通过采集取电开关卡片信息进行插卡取电、拔卡断电功能，未经授权的卡，拒绝取电。

3.交互视频体系

交互视频系统也经历了一个发展过程，5年以前基本还是视频点播系统，起视频点播的作用。当时也有很多人希望在酒店行业里推广，这个技术不错，但是再过几年这个技术就落后了。从现在来看，视频点播只是现在视频交互技术的一个基础，而不是全部。许多酒店在淘汰楼层服务员之后，很多酒店的客人不适应，在这种情况之下，如果能够引进交互式的视频技术，既可以达到提高效率的目的，又可以实现管理成本的降低，更重要的是可以使酒店形成一个比较好的数字化品牌。

4.电脑网络体系

入住酒店的多为商旅人士，这个群体对电脑客房的需求率占95%，而出行愿带笔记本电脑的客人仅占10%左右。客房需备有电脑网络功能，满足客人进行互联网冲浪、收发邮件、office软件办公、QQ/MSN聊天、股市行情、网上订票等需求。

5.展示体系

展示体系分为两类，一类是向客人展示自己酒店的资料与服务，比如酒店的发展历程、分支网络、企业文化、酒店服务、特色菜系，方便客人了解；第二类是向客人展示当地的特产、风土人情等城市信息，节省客人查阅的时间。

6.互动体系

互动体系即客人能够在客房内与前台服务员进行互动。比如前台服务员发布信息客人立刻就能在客房内查看，客人也可以在房间内进行点餐、订票、租车、退房等请求服务。

7. 信息查看体系

客人在房间内可实现信息查询，如天气、航班动态、列车时刻、轮船时刻、客车时刻、市区公交、高速路况、市区路况等。

××酒店的客房控制系统功能介绍

××酒店的客房控制系统内容主要为空调系统、照明系统、新风系统、电量、环境监测等。其功能主要有以下几方面。

1. 智能联动

酒店客房控制技术可帮助酒店把新风系统、空调控制系统、电量、环境监测系统进行有机集成，使这些子系统根据外界情况进行智能联动。

如在节能的前提下，环境监测系统通过感应设备监测空气中二氧化碳、一氧化碳浓度，并将空气质量信息实时反馈给智能终端系统，通过智能终端对空气质量进行改善。

例如，宴会厅、餐饮包间、咖啡厅、中西餐厅等区域，在人流较集中的就餐时段空气质量会比较差，环境监测设备会将该区域的空气质量超标的信息反馈给智能终端，由智能终端设备对管理人员提出声光报警，并提示是否开启新风系统以改善空气质量。或者设置成自动空气调节等，达到真正智能化联动监测控制。

2. 定时控制

客房控制系统可通过定时功能对客房进行自动化管理。如早上8:00和晚上8:00各开启新风系统一次，将室内的污浊不健康的气体排出去，将室外质量好的新鲜空气送进来。一抽一排，使室内环境更健康。其他时段如果室外温度低于室内温度，而空调开处于制冷状态，智能终端系统会先关闭空调再开启新风系统避免浪费能源，从而达到更加节能的目的。

3. 自定义情景模式

酒店会议室，根据会议程序，对会议设备进行多情景模式控制。主要有投影模式、研讨模式、退场模式、备场模式、清扫模式、离开模式。如离开模式，当报告厅内无人时，按一下该键关闭所有用电设备。

4. 照明控制

灯光控制可根据不同的场合氛围灵活变换。如宴会厅通常有喜宴、生日宴、聚会、答谢宴等模式，通过各组灯光巧妙的搭配组合，将食物与饮品的色、香、味衬托出来，并营造与之对应的灯光场景气氛。

报告厅可根据其使用功能不同设立多种模式,如:报告模式应以突出发言人的形象为主,主席台筒灯亮度在70%~100%,透光灯应适当开启,以不影响发言人感觉为原则;听众席位应以筒灯(亮度80%)为主,方便与会人员记录,同时壁灯全部开启。

5. 背景音乐控制

根据不同的时间段,酒店内外背景音乐系统可播放不同风格的音乐,酒店管理人员可集中控制播放曲目,也可定时设置,如遇重要活动,还可直接采用迎宾、晚宴等情景模式。

6. 智能客控RTU

当客人开门(或关门)被门磁感应到后,客控RTU开始搜集有线红外人体感应器(通过红外代码学习器实现信息转换)捕捉到的信息(有人在客房内或无人在客房内),若在十五分钟内一直发现室内有人,即判断为客人入住(现在房内);若在十五分钟内的信息一直为室内无人,即判断为客人出门或客人退房,房内无人。

当客控RTU判断为客人入住(现在房内时),智能空调控制系统即开启空调,开启灯光或关闭窗帘;当客控RTU判断为客人出门或退房时,智能空调控制系统即关闭该关闭的所有用电设备。通过智能化控制,空调实现在需要开启空调时才开启,不需要开启空调时立即关闭,节约电能,科学使用空调延长空调寿命。

二、智慧酒店的建设内容

智慧酒店的建设应包括图5-10所示的内容。

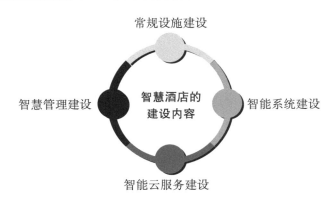

图5-10 智慧酒店的建设内容

1. 常规设施建设

智慧酒店要实现电子化、信息化和智能化,为住客提供个性化的服务,需要物联网、云计算、信息智能终端等新一代信息技术,但是也离不开一些常规的设施设备和基本服务，具体如表5-2所示。

表5-2　智慧酒店的常规设施建设

序号	建设内容	具体说明
1	网络与通信系统	（1）网络。酒店应实现无线宽带网络全覆盖，客人在酒店中可以方便地将手机、电脑等终端以无线方式连接上网。客房应配有有线宽带网。酒店应具有带宽管理的技术手段和多种计费方式。应具有防病毒和木马的手段。应具有上网行为监控功能，上网日志记录等功能，对敏感信息进行报警提示。酒店应建有较为完善的宽带信息网络，实现酒店各功能区的有效接入 （2）移动通信。移动运营商信号应覆盖酒店所有区域，能接收移动电话信号，移动通信方便，4G、5G信号覆盖全面，手机语音和数据通信畅通 （3）固定电话。酒店固定电话交换机应接入SIP终端，可从电脑、平板电脑上发起呼叫。可以提供可视电话服务。可以提供电脑收发传真服务。酒店应建有电话报警点，电话旁公示酒店救援电话、咨询电话、投诉电话。客人可拨打报警点电话向接警处的值班人员求助
2	广播电视系统	客房里的电视机应能收看适宜数量的中文节目和外文节目，具有视频点播功能，配备有线和卫星电视；酒店公共区域应能播放背景音乐
3	会议设施	会议室是酒店尤其是大型酒店的基本功能区，智慧酒店的会议室应该具备以下功能或设施： （1）应具备灯光分区控制、亮度可调节、隔音效果好、有同声传译的功能 （2）应具备会议投票、表决、主席控制系统 （3）应具备电视电话会议功能，有多媒体演讲系统 （4）应具备远程会议系统 （5）应具备会议自动签到系统 （6）应具备会议统计系统 （7）应通过网络或智能终端等设备提供预订服务
4	网站服务	酒店应建设具有独立国际、国内域名的酒店官方网站；网站应提供多语言信息服务；应建有手机WAP网站及手机APP应用，实现与网站资源共享；建有网站电子商务平台，提供7×24小时网上咨询、预订与支付服务
5	数字虚拟酒店	酒店应运用三维全景实景虚拟现实技术、三维建模仿真技术、360度实景照片或视频等技术建成数字虚拟酒店，实现虚拟漫游。数字虚拟酒店应在酒店网站、触摸屏、智能手机上发布

运营指南

以上这些设施设备和服务应该应用最新信息技术，能够对酒店内各类信息进行自动感知、及时传送和数据挖掘分析，建立起智慧酒店需要的信息感知与传输平台、数据管理与服务平台和信息共享与服务平台。

2.智能系统建设

智能系统是智慧酒店的核心系统,包括智能停车场管理系统、自助入住/退房系统、智能电梯系统、智能监控系统、智能信息终端系统和智能控制系统等。如表5-3所示。

表5-3 智慧酒店的智能系统建设

序号	建设内容	具体说明
1	智能停车场管理系统	酒店应建设智能停车场管理系统,提供智能卡计时、计费或视频车牌识别计时计费服务;车库入口应显示空闲车位数量;应提供电子化寻车、定位、导引。停车场智能控制系统以集成了用户个人信息的非接触式IC卡作为车辆出入停车场的凭证,以先进的图像对比功能实时监控出入场车辆,以稳定的通信和强大的数据库管理软件管理每一个车辆信息。该系统将先进的IC卡识别技术和高速的视频图像存储比较相结合,通过计算机的图像处理和自动识别,对车辆进出停车场的收费、保安和管理等进行全方位管理
2	自助入住/退房系统	智慧酒店应提供手持登记设备(TABLET)进行远程登记服务,或在酒店内建有自助取卡登记/退房系统,客人进入酒店,选择登记,提供身份证等有效证件,经过系统核实后,进入房间自选模块,选定房间后,系统提示顾客缴纳押金。押金缴纳完毕,系统自动吐出房卡。退房时,工作人员确认无误后,系统给予退房权限,顾客交房卡,系统进行结算。顾客可选择打印发票或账单
3	智能电梯系统	智慧酒店应建设智能电梯系统,通过RFID技术自动识别旅客房间卡信息,升降至旅客所在楼层;无卡者进入电梯,应拒绝其任何按键操作;应配备盲文,供盲人操作。智能电梯具有安全和节能的特点,使酒店变得更加高档,更加智能化。授权用户通过刷卡才能使用电梯,访客需通过对讲系统或通过门厅保安发临时授权卡才能使用电梯;有效地阻止了没必要的电梯运行能耗,如小孩玩耍乱按电梯,使用电梯者按错楼层。真正做到电梯的有效运行,延长电梯的使用寿命
4	智能监控系统	智能监控系统应具有防盗功能、防破坏功能,视频清晰度高,能在黑夜环境中识别车牌号码;应设置电子围栏,对超过围栏的,进行提醒;图像信息可供其他系统调用;应识别火灾并与消防系统联动
5	智能信息终端	客房信息终端应支持多种形式(电视、电话和移动终端),应支持多种功能(包括音视频播放、全球定位功能、带有便携式操作系统、能进行3G无线通信、能进行触摸控制、支持无线网、支持视频通话、具有较高的分辨率),应支持多种语言
6	智能控制系统	客房智能控制应设置控制单元,网络通信方式支持TCP/IP方式传输数据,可扩展性好。智能终端应控制空调、灯光、电视、窗帘等,具有模式(睡眠、舒适等)设定功能。客房内应有节能措施
7	其他控制系统	还应有智能导航系统(自动感应旅客的房卡信息,点亮指示牌,指引旅客找到自己的房间)、智能可视对讲系统(为旅客提供视频咨询服务)和电视门禁系统(通过电视视频看到来访者实时图像)

3.智能云服务建设

智慧酒店的智能云服务建设内容如表5-4所示。

表5-4　智慧酒店的智能云服务建设

序号	建设内容	具体说明
1	信息呈现	智慧酒店的信息呈现应包括以下八个方面的信息： （1）通过网站和智能信息终端显示酒店所在地的天气、温度和房间内的温度、湿度、空气质量等信息 （2）通过网站和智能信息终端显示酒店介绍、酒店公告、酒店特色餐饮、会议设施介绍、服务指南和客房展示等信息 （3）通过网站和智能信息终端显示航班、火车、长途汽车、地铁、公交等信息及其线路图 （4）通过网站和智能信息终端显示酒店周边"吃、住、行、游、购、娱"信息 （5）通过网站和智能信息终端提供地图查询服务 （6）通过网站和智能信息终端显示旅客消费明细 （7）通过网站和智能信息终端发布公告 （8）通过网站和智能信息终端发布公益信息、地域文化、政策法规等内容
2	多媒体服务	智慧酒店多媒体服务主要包括以下四方面的服务内容： （1）通过网站和智能信息终端为旅客提供租借物品服务、客房服务、点餐服务 （2）通过网站和智能信息终端为旅客提供查看前台留言、通知退房服务 （3）连接酒店收费系统，将消费账合并到客房计费 （4）餐厅提供平板电脑智能点餐服务

4.智慧管理建设

酒店智慧管理系统包括ERP系统、PMS系统、CRM系统以及应急预案和应急响应系统，具体如表5-5所示。

表5-5　智慧酒店智慧管理建设

序号	建设内容	具体说明
1	ERP系统	ERP系统（Enterprise Resource Planning，企业资源计划），包括物资管理、人力资源管理、财务管理
2	PMS系统	PMS系统（Property Management System，物业管理系统），包括预订、查询客房状态、留言、出账管理、报表、夜审等功能，方便与其他系统对接
3	CRM系统	CRM系统（Customer Relationship Management，客户关系管理系统），包括客人回访、建立客人档案、满意度调查、投诉处理等功能，对各类数据进行挖掘分析，提供多种方式进行在线预订服务
4	应急预案和应急响应系统	应急预案和应急响应系统须提供报警终端、摄像头、号角喇叭等设备，具备集成音视频报警、视频监控和广播喊话等功能

运营指南

除以上内容外，酒店应与旅游行政主管部门实现技术对接，配合旅游行政主管部门在线监管，实现旅游数据的及时上报，完成上下旅游信息的对接。

三、智慧酒店的实现方法

随着近年来物联网+智能家居火热，通过智能科技升级来实现"智慧酒店"，进而优化成本、利润和人才结构，正备受酒店行业青睐。酒店要想升级为智慧酒店，可通过图5-11所示的方法来实现。

图5-11　智慧酒店的实现方法

1.利用现有资源进行升级改造

酒店可利用现有设施、设备和系统等资源进行升级改造，实现节能环保和改善客户满意度。

目前，大部分智慧酒店建设是在营酒店的改造，考虑到前期投入和因地制宜因素，我们可以立足现有设施、设备和信息系统，在客户历史需求和入住数据分析以及系统整合可行性分析的基础上，进行有限的投入和新技术的应用。具体措施如图5-12所示。

 把更多的酒店设施、客房设备数字化、信息化，比如对客房电视进行数字化系统升级，将传统电视改造成集多语种智能服务、客房服务、营销推广、信息发布、视频点播等为一体的人机交互平台，同时考虑与手机的联动，这种改造的成本极低，却能为酒店带来数倍的投资回报

 拓展WIFI、微信、官网等功能，增加互动模块，比如客人在连接酒店无线网络的时候，自动推出酒店新的营销产品和服务，自动领取酒店电子优惠券或其他关联产品，增加客户黏性，提高满意度

 酒店可以利用相应性价比高的OA系统实现无纸化办公、改进BA等自动化系统，实现水、电、暖等系统的智能调节与监控，利用已经成熟的高科技节能设备减少能耗，实现节能减排

图5-12　利用现有资源进行升级改造的措施

2.丰富客人住店场景

丰富客人住店场景，更多地充实客人碎片化时间，提升对客体验。现代人特别是年轻人的生活节奏很快，对服务也十分苛刻，到酒店不再是单纯为了吃住，而是追求符合个性需求的多样化、异样化体验，因此，酒店不能只停留在笑脸、高档设施设备、流程化服务上，应针对不同住客，利用信息化手段丰富客人住店场景。具体措施如图5-13所示。

图5-13 丰富客人住店场景的措施

3.做好差异化经营

针对酒店定位和客户群，引进先进的智慧化技术，做好差异化经营，让客人流连忘返。智慧酒店重在智慧的广泛和不断地应用，技术上由技术提供方智慧地去想方设法利用新技术以持续满足酒店的不同需求，经营管理上要由酒店全体人员智慧地去分析酒店定位和酒店服务对象，考虑什么时候、用多少投入、选什么样的技术去实现酒店新的服务和管理。

如今，住宿业门类众多，酒店业态丰富，酒店的竞争仍在加剧，利用互联网、移动互联网、物联网和各种信息化手段做差异化经营是一种很好的选择。

> 比如，适合年轻人的主题特色酒店、民宿等可以应用全流程智慧化服务，从入住、消费、活动，到离店基本上不再需要人工服务，人只是作为亲戚朋友做好交流和内部管理；对于星级或高端酒店，可以充分利用自身设施齐全、功能强大、档次高的特点，利用先进技术增加相应的高端服务，如用人脸识别系统指导重要客人享受专属服务，进行快捷入住、消费等，用VR虚拟现实和AR增强现实技术满足客人在房间和酒店放映室或游戏室的高端享受。

4.突出个性化和定制化服务

通过大数据，实施精准营销，应用智慧手段突出个性化和定制化服务，带给客人高度满意。

虽然当今酒店获取外部信息的数量、质量、时效上还远远满足不了酒店应用于经营管理方面的大数据分析需要，但来自酒店内部的PMS前台系统、CRS中央预订系统、

CRM客户关系管理系统和微信、官网及客控、梯控等控制系统的数据已经不少,基本可以将这些储存在介质或终端或云端的内部经营数据进行有效采集、汇总、处理和分析。再通过与相关联的航空公司、景区、外部餐饮、商城或游船公司合作,产生出客人职务、行业、年龄阶段、性别、生日、家庭成员、出发地、旅行目的地、同行者、入住酒店类型、房型、天数、就餐、口味、购买商品、娱乐、用车等大量有用数据。

酒店可以对这些数据进行智慧酒店改造,做酒店营销活动设计,搞酒店和相关业态的合作和信息共享,对客人或会员进行终身或全程智慧官家服务,把精准营销做到极致。

> 比如,组织某类客人参加购物、游玩、派对等活动,为客人准备生日相关礼物,入住前交流和迎接,在店享受自己喜欢的房间、用品、美食、健身、用车、旅行安排和各项贴身、精细、到位的个性化和定制服务。

四、智慧酒店的建设要求

由于酒店物耗、能耗、人力等成本的不断提高,以提高酒店管理效率、降低酒店运营成本及为客户提供舒适智能、时尚便捷的体验为宗旨的智慧酒店智能化控制系统已然成了酒店竞争的最新要素。所以未来酒店的竞争,除了传统的设施与装潢的比较,更多的是酒店智能化系统的完善与发展。基于此,智慧酒店的建设要求如图5-14所示。

图5-14 智慧酒店的建设要求

1.酒店目标市场定位

一家酒店的生存和发展其实取决于自身的设计定位。

首先,要确定目标市场,主要考虑为什么样的人提供什么样的服务,对象是商务客人、旅游客人、周边居民、附近企业员工、休闲度假客人,还是周围大型设备配套,如医院、游乐场、体育场、景区、学校等。

其次,就要选择和确定位置、类型、规模、配套设施等。

最后,要考虑营销模式、盈利模式、员工构成等经营方面的问题。

> **运营指南**
>
> 如果是新开酒店,就要做好酒店的市场定位;如果是在营酒店,则需要重新定位和设计,这叫颠覆或转型。

2.总体规划和一体化设计

智慧酒店建设其实等于一个综合、大型的建设项目。在建设之前必须由专业团队或第三方根据酒店定位、战略、经营方针等进行总体规划和一体化设计。包括图5-15所示的内容。

图5-15　总体规划和一体化设计的内容

建设智慧酒店,要做到总体和一体化设计,分步实施,注重各系统的融合、互通,与业务模式的匹配。

3.方案和预算

对于智慧酒店建设,必须有一定量的人、财、物和时间上的投入,因此,在分步实施和引进系统前必须有具体的实施方案和相关预算,包括系统要达到的效果、主要构成、是否招投标或供应商意向、建成时间要求、预算。

4.选型和系统整合

智慧酒店建设的质量和效果,取决于引进的技术是否先进可靠,选型可以参照ERP管理系统"集成性、先进性、统一性、完整性、开放性"的理念,还要注意系统前瞻性、实用性、系统性、联动性、稳定性。对于酒店集团,由于大多是战略合作或批量购买,要考虑长期、持续的更新、完善和改造,因此还要注重技术提供方的企业成长性和服务质量。

另外,系统和设备购买时要充分考虑与酒店现有设施、设备、酒店人员结构相匹配,建立系统关联,之后还要进行有效的系统整合,以方便维护和使用。

5. 流程重组和优化

酒店在提出智慧酒店建设需求和软件购买前，必须围绕规划目标，梳理、优化业务和管理流程，做好服务标准化和管理制度化，这是信息化成功与否、效果好坏的关键，系统实施后还必须持续优化业务流程，具体如图5-16所示。

1. 组织专业人员梳理业务流程和管理流程（组织体系），并对重点业务流程按价值链、供应链管理和物流、人流、资金流（财流）、信息流进行优化

2. 进一步规范房型、业务术语、服务区域（部位）、服务类别、人员职务、包间、菜肴、原材料、设备、产品组合等代码体系

3. 围绕业务流程设计适用于酒店的基本业务表单、管理表单和业务、人事、财务等报表体系

4. 基于流程定义部门、岗位职责，并制定酒店管理制度，以及与制度相关的考核体系，建立健全绩效管理体系和档案管理办法、规则

图5-16 持续优化业务流程

6. 智慧应用和创新

智慧酒店在于智慧，在于实现客人的个性化、定制化等最佳体验，因此智慧酒店建设是不能有标准的。酒店在实施时，必须充分发挥人的主观能动性，用互联网、开放的思维和创新意识去设计酒店软硬件、营销策划、建设方案、业务模式和应用场景。要围绕客人需求，从个性化服务、客户满意度方面做文章，创造性地利用现有流行的实用的信息技术，与酒店人、财、物共同作用，从而达到智慧管理、智慧营销和智慧服务，实现酒店开源节流和最佳效益。

如何理性地建设智慧酒店

随着互联网+时代的到来，以及近年来消费者个性化需求的日益升温，使得智慧酒店建设日渐升温。那么在大数据等移动通信新技术不断更新完善的情况下，我们又该如何理性地建设智慧酒店呢？

从国内智慧酒店建设存在着的降低对智能设备的使用、降低客人的可依赖性和酒店管理者在管理当中的劳动强度等"三降"的问题，以及提升性价比、提高服务品质和提高企业的价值等"三高"的情况来看，就可以深刻地认识到我们顾客的需求已经从最基本的吃、住、玩转向了更为高级的"吃得开心、住得满意、花得情

愿"。所以在未来的市场当中，想要理性地建设智慧酒店就必须要积极应对消费者需求的变化，不断提升消费者的住宿体验。

但是，从国内智慧酒店的发展情况来看，其市场存在着几个比较明显的问题，如人们对智慧酒店的理解普遍居于表层，其实所谓的智慧酒店不仅仅是指硬件部分，它还囊括了各种各样的软件设计；再如"外热内凉"是智慧酒店市场目前普遍存在的一个问题，很多地方推动智慧酒店发展的不是企业，更多的是地方部门。

所以，想要理性地建设智慧酒店，就必须有超前的思维，量力而行（如提升智慧酒店智能化服务水平等）；同时也要聚焦目标客户的消费需求，提升酒店个性化服务，实现企业的差异化价值创新。

毕竟从酒店本源来讲，智慧酒店最终本源不仅仅是赚钱，它还是一个区域公共生活和商业活动的主要场所，是人们生活方式和社会文明的承载体。所以从这个角度而言，就能够让我们更好地实现理性建设智慧酒店的目标。

第四节　智慧酒店案例

在信息技术浪潮席卷全球的大环境下，随着酒店智能房控系统的研发，酒店的智能化在逐步升级，越来越多的酒店愿意接受新的管理理念与经营理念，应用智能房控系统迎合信息化时代酒店业的变革。

一、中国第一家智慧酒店——杭州黄龙酒店

2009年6月杭州黄龙酒店与IBM合作以全方位的酒店管理系统与RFID等智能体系启动了中国首家"智慧酒店"建设。除了完善的功能配套和热情的服务，建成后的黄龙酒店为客户提供了超乎想象的世界领先的智能化入住体验。

1. 高科技住店体验

（1）无线无纸化入住/退房系统。可通过手持登记设备（TABLET PC）进行远程登记，在房内或是店外就能完成登记、身份辨识及信用卡付款手续。

（2）自助入住/退房系统。针对35～50岁对于计算机操作熟悉的商务人士，杭州黄龙酒店特别于大堂内设置Kiosk机，客人可自助完成登记手续。

（3）VIP快速通道。VIP客人开车入车库的同时完成登记入住和房卡制作。

（4）客房智慧导航系统。一出电梯，系统会自动感应住客的房卡信息，三道指示

牌指引住客直至自己的房间。

(5) 互动服务电视系统。内设八国语言系统，自动选择以住客的母语欢迎入住，自动弹出住客上次入住时常看的频道；显示住客国家当地气候及杭州气候。

(6) 电视门禁系统。若在住客不便应答的时候有人按门铃，门外的图像会主动跳到电视屏幕上，方便住客判断以什么形象去开门。

(7) 全球通用客房智能手机。智能手机解决了国外手机无法在中国使用的问题；从技术的角度，它可以全球拨打、免费接听。现阶段，杭州黄龙酒店开放了部分信号区域，可在酒店或是杭州范围内的任何地方使用。

(8) 机场航班动态显示/登机牌打印服务。每15分钟更新一次，及时了解班机最新状况；只需将电脑和客房内的四合一多功能一体机连接即可打印路线图和机票登机牌。

(9) 床头音响。每套床头音响都特制了I-Pod/I-Phone专用插孔，同时具备播放和充电功能。

(10) 床头耳机。安装在床头背板侧面的电视耳机插口及放置在床头柜抽屉中的耳机，方便还尚未就寝的同行者可以继续享受视听服务。

2. 智能会议管理系统

(1) 会议/宴会自动签到系统。与会的宾客佩戴内置RFID卡的胸卡进会议中心大堂后，会场导航显示屏会立即显示与会人员的姓名照片和身份等资料，并统计已到和未到的人数。

(2) VIP客人自动提示服务系统。VIP客人一进入酒店大堂，该客人的信息，会立刻显示到前台的电脑上和大堂经理/客户经理的移动计算设备上，同时也马上将"欢迎某某贵宾光临黄龙饭店！"的欢迎词以短信的方式发送到VIP客人的手机上。

(3) 会议/宴会统计系统。分析各类数据，并能将参会人员的具体信息汇总成报告，让每次会议的结果均可见可查。例如智能会议管理系统会自动统计客人在不同的展区停留的时间、每个展区参观的人次等，展会主办方就能轻松地分析出哪些产品更加有市场吸引力。

二、豪华智能酒店——厦门凯宾斯基酒店

厦门凯宾斯基酒店是目前厦门最高的建筑，帆船造型的单体建筑，为厦门的地标性建筑。该酒店的智慧酒店系统主要分为三部分：客控系统、面板系统、灯控系统。

1. 客控系统

(1) 客控系统设置不同温控模式，传达空调制冷制热的各项指令，使空调在不同模式时按设置温度运行，为客人营造舒适环境的同时，达到最大节省能源效果，同时系统统计一天内客房的温度运行数据，便于更好地管理分析。

（2）客控系统软件可对电器设备的开关进行真实反馈，形成每天使用曲线图，从而根据使用信息统计分析用电量，更好地控制各种设备的耗能情况。

（3）可通过客控软件将不同电器设备加入相应场景模式进行控制，包括日常、会客、起夜、就寝、阅读、观影等模式，具体情况根据客户需求而定。

（4）客控智能照明。通过照度感应器与各灯光控制器的相互配套使用，将客房照度调节至最舒适状态并最大限度为酒店节能。

（5）防盗监控。门框门磁、衣柜门磁、保险柜门磁与客控系统连接，设定时间内关门异常，客控系统将发出警报提醒客人注意财产安全。

2. 面板系统

进门面板、卫生间面板、床头面板、智能门口显示器面板多采用智能控制、触屏设置。

3. 灯控系统

不同主题空间采用不同的灯光环境。

（1）宴会厅灯光氛围可根据需求调节为富丽堂皇型或庄重典雅型。

（2）大堂吧是宾客休憩的场所之一，灯光氛围梦幻迷离；餐厅灯光温馨舒适。

（3）咖啡厅灯光则浪漫休闲。

（4）泳池康体区灯光活泼动感。

总之，各类灯光环境随空间需求而变。

三、奢华智慧酒店——武汉万达瑞华酒店

武汉万达瑞华智慧酒店客控系统是武汉百佳智能系统工程技术有限公司面向武汉酒店而设计开发的新一代酒店智能化、自动化控制系统，此系统聚智能灯光管理、中央空调管理、呼叫管理与信息服务管理功能于一身，具备家居智能化、网络化、规范化的特点，帮助酒店各级管理人员和服务人员对酒店运行过程中产生的大量动态的、复杂的数据和信息进行及时准确的分析处理，从而使酒店管理真正由经验管理进入到科学管理。

该酒店区域功能如下。

1. 智能接待厅

（1）智能开、关门。当有客人入住时，进入接待厅2～3米时智能红外感应自动开门，保证客户进入后自动关门，为了防止门打不开的情况出现，在设计的时候，会单独在前台面板上设定一个控制键。

（2）智能背景音乐。武汉百佳智能背景音乐实现在不同的区域播放不同的歌曲，也可相互自动关联。

> 比如，当有客人到达酒店时，播放的是迎宾的音乐，而正在接待厅等候的客人听到的则是轻柔、舒缓的歌曲。

（3）智能安防监控。一般入住酒店的数出差的、旅游的朋友较多，相信安全是他们选择酒店的第一考虑要素，如今的酒店都采用电子锁，专卡专控。除此之外酒店的周边及大堂各个重要位置安装摄像头，除了实现酒店全方位监控外，还能检测前台收银的情况，避免因为收钱出错而和客户出现纠纷。出于人性化的考虑，酒店还在每个房间安装了摄像头，且只有利用房卡才能运行摄像头，可以通过设备旁附着的二维码下载到旅客自己的手机上。

（4）智能烟雾报警。当监测到大厅的烟雾超过预设值时，主机会给你发送报警信息，提醒你查看，还能关联到摄像头实现远程联动查看。

（5）智能照明。每个大型酒店对照明的要求都比较复杂，因为对于公共照明而言，开源节流是很重要的，传统的照明不仅需要人工手动操作，而且一打开就全部打开，即使某些区域并不需要照明。如果安装了智能控制系统，照明系统则具有集中控制、灯光场景控制、组合控制、远程控制、定时控制、感应控制等功能，无论是公共照明部分还是房间内照明都能根据自己的喜好设置。

2.公共走廊

（1）智能液晶指示牌。当酒店具有一定规模的时候，更需要体验自身的细节化。

> 比如，旅客在前台拿到自己的房卡到了楼层后却很难找到自己的房间，此时智能液晶指示牌可以起到指引的作用，而液晶的设备也能提升酒店的档次。

（2）智能视频监控。在主要区域安装摄像头，能随时查看客房楼道信息，保障客户的财产安全。

（3）智能背景音乐。不知是不是受电影的影响，很多旅客对酒店的电梯都有一种莫名的恐惧，特别是女性游客，基本晚上不会再出门，即使出门也是成群结队的，在这个环节上，酒店在电梯里设置轻快的背景音乐，并且有对应的触摸屏控制，游客进入电梯后轻快的音乐能让紧绷的神经迅速放松下来，还可以通过触摸屏选择自己喜欢听的音乐。

（4）智能感应开灯。公共走廊中设置感应灯光是再好不过的了，人来灯亮、人走灯灭。当然可以根据个人喜好设定延时时间，人来立刻亮起，人走延时3秒才会熄灭，这样就很好地节约了能源。

3.酒店客房

（1）智能照明。实现了对酒店房间、卫生间照明的舒适控制，具有集中控制、灯光场景控制、组合控制、远程控制等功能；住客可以根据自己的喜好随意关联场景，进行个性化的灯光场景设置，创造不同的场景氛围。

> 比如，夜晚房间光线较暗，当插上取电卡后，系统会按一定的亮度使灯光亮度缓缓增加。

（2）智能电视、空调。设备多、遥控器多时常让旅客产生迷茫的情绪，到底哪个来控制哪个？智能家居系统提供总线控制，床头一个液晶面板可控制房间内所有的设备，与此同时还可以通过扫描二维码的形式，进入无线控制面板。

（3）智能环境监控。智能室内环境卫士通过检测，自动为住客开启净化系统（如打开空调、窗户等），提升空气质量，保护住客的健康。

（4）智能窗帘、窗户。智能家居技术集成了电动窗帘、窗户的自动控制。住客可以通过手机或平板电话，实现对房间内的电动窗帘、窗户自动控制。

（5）智能背景音乐。清晨伴随着床头灯打开，窗帘的打开，背景音乐渐渐响起，迎接第一缕阳光，让住客的身心愉悦，还能定时开启，给客人一种家的感觉。

（6）智能安防。在外地出差旅行最担心的是安全，智能酒店系统给住客全方位的防护，通过设置智能玻璃破碎、窗磁、门磁，当有外人进入时会发出报警提示音，同时也会给客房安保人员发送短信，住客也可以通过紧急按钮通知安保人员，保证人身财产的安全。

（7）智能门锁。智能门锁能实现远程开锁，方便了客户的入住，节约了客户的宝贵时间。

（8）视频门铃。客房的门铃响起时，通过安装在门外的多功能显示牌上的视频摄像头将门外的图像传送到电视机上，住客可以看到门外的情况，只需手机或平板的一个按键就能实现把客房门打开。

（9）智能客房服务。客房呼叫服务管理：客房为住客提供了多种服务，为了保护客人入住的私密性，在门口的显示牌上只设置一个门铃按钮（或者是房号加门铃），客人所有的服务信息在客房中心显示，如清理、勿扰、入住指示。当客人有需要时只需一个按键，客服会立即去解决，给客人提供温馨的服务。

4.酒店会议室

酒店除了招待游客以外，也是企业召开会议的一个重要场所，智能系统提供一个不一样的会议室管理体验。只是一个简单的导航界面，就能整合灯光、温度、电视、空调、投影、幕布等电器的管理。

根据会议主题可以直接显示在会议室门口的触摸屏上，同时设置好合适的情景模式（如灯光情景模式、会议模式、演讲模式、播放模式、会议结束模式）、背景音乐、欢迎致辞及温度。

5.酒店宴会厅

用户通过智能信息服务订宴会厅时,客服会根据宴会主题设定不同的情景模式控制。

> 比如,喜宴、生日宴可设置以下场景模式:灯光全亮模式、温馨模式;控制方式有触摸屏控制、墙壁场景开关控制、单键控制,还能实现手机或平板电脑控制。

CHAPTER SIX 第六章 互联网+酒店采购

导语：

当人们都在京东、淘宝熟练购物的时候，作为中国产业规模最大的餐饮酒店行业，也要顺应时代潮流，采用先进的网络技术，以互联网思维改变酒店传统的采购模式，让采购便利起来，运营规范起来。

第一节 酒店采购步入电商时代

在电子商务几乎渗透到全球每个角落的今天,中国的餐饮企业如何通过电子采购,寻找到理想的供应商,获得安全(质量)、安心(交货及时)的原料供应,并有效地降低企业原料采购成本,提高竞争力,已成为行业管理者、酒店业经营者们企盼的采购途径。

一、酒店采购认知

酒店采购在管理环节中极具重要性,它能为酒店创造更大的利润空间,是决定酒店核心竞争力的关键因素。

1.采购的重要性

采购工作的开展直接保证了日常运营所需物资按时、按质、按量的被使用。做好酒店采购管理,可以大大降低库存成本,避免积压及领用脱节现象,可以为酒店经营活动的正常开展奠定坚实的基础。

2.酒店业采购的模式

目前酒店业的采购存在三种模式,具体如图6-1所示。

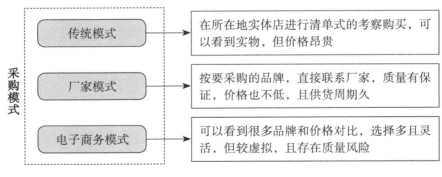

图6-1 酒店业采购的模式

二、采购电商化认知

近年来,互联网技术的普及为企业的电商化采购创造了良好的条件,电商化采购的高效、透明及全流程可控,为企业采购带来的降本增效和高效管理让其受到越来越多企业的青睐。

1.传统采购模式的痛点

采购,虽然不处在企业运营的最高层,却决定了企业最基础最必备的非经营性生产资料的优劣,是每一个企业正常运转所不可或缺的常规业务活动。落后的传统采购模式不仅已经不能满足企业保持竞争力的需求,还常常会引起供应商间不良竞争,与政府扶持中小企业发展的愿景背道而驰。因此,传统采购已经走到必须改革甚至被替代的边缘。

具体来说,传统采购模式具有图6-2所示的痛点。

流程繁复,效率低下

传统采购模式要经过询价/报价、招标/投标、竞价谈判等繁杂流程,如遇到企业有紧急需求的情况,而供应商响应客户需求的能力迟钝时,会导致采购成为一种盲目行为

缺乏必要的监督,采购成为腐败温床

由于采购预算的管理、招标的操作涉及企业经营的敏感信息,采购工作往往不适合对外公开,再加上缺乏有效的监督机制,采购领域容易成为腐败的高发区

供应商"暗箱操作",增加企业成本

传统采购模式中,产品价格虚高已成为普遍现象,导致企业要在基础生产资料上投入不小的成本;更有些不良供应商会在双方已经议定价格、型号的情况下,提供次品或降低服务标准

缺乏有效管控,造成资源浪费

采购部门制订的采购计划,一般是基于现有库存。而需求部门与采购部门如果不能充分沟通,企业管理者对采购环节又不会亲力亲为,容易造成大库存,占用大量流动资金和企业资源

图6-2 传统采购模式的痛点

2.采购电商化的意义

相比之下,电子商务作为一个开放的平台,能够快速高效地传递交易价格及信息,并对交易行为进行全流程跟踪,从而使低成本、高效率、开放透明的采购模式的建立成为可能。

企业采购电商化对我国经济社会发展意义重大,具体如图6-3所示。

1	有助于降低采购成本和人力成本、缩短采购周期、提高采购效率
2	有助于企业实施"阳光采购",提升业务管理水平
3	有助于成为国企改革和转型升级的抓手,推动国企尝试建设自己的电子商务平台
4	有助于提升小微企业信息化水平,以电商平台金融服务缓解小微企业资金压力
5	有助于推动智能制造和供给侧结构性改革
6	有助于重塑供应链,促进实体经济转型升级

图6-3 采购电商化的意义

实施电子商务采购的优势和必要性

采购作为满足社会需求的一种重要手段,对整个社会的生产与生活产生了极其重要的影响。对企业来说,采购直接影响着生产经营过程、企业效益,并构成企业竞争力的重要方面。采购也会带来很大的经济风险,存在着所谓的采购黑洞,如何控制这些漏洞,成了摆在现代企业面前的一项重要任务。电子商务采购作为一种新的采购模式,充分利用了现代网络的开放性、信息的多样性、交易的快捷性和低成本等特点,可以有效地解决企业和政府所面临的这些问题。

1.电子商务采购的含义

电子商务是指交易双方利用现代开放的互联网络,按照一定的标准所进行的各类商业活动,是商务活动的电子化。电子商务的产生使传统的采购模式发生了根本性的变革。这种采购制度与模式的变化,使企业采购成本和库存量得以降低,采购人员和供应商数量得以减少,资金流转速度得以加快。

电子商务采购是在电子商务环境下的采购模式,也就是网上采购。通过建立电子商务交易平台,发布采购信息,或主动在网上寻找供应商、寻找产品,然后通过网上洽谈、比价、网上竞价实现网上订货,甚至网上支付货款,最后通过网下的物流过程进行货物的配送,完成整个交易过程。

电子商务采购为采购提供了一个全天候、全透明、超时空的采购环境,即365

天×24小时的采购环境。该方式实现了采购信息的公开化，扩大了采购市场的范围，缩短了供需距离，避免了人为因素的干扰，简化了采购流程，减少了采购时间，降低了采购成本，提高了采购效率，大大降低了库存，使采购交易双方易于形成战略伙伴关系。从某种角度来说，电子商务采购是企业的战略管理创新，是政府遏制腐败的一剂良药。

2.实施电子商务采购的必要性

传统的采购模式存在下列问题：采购、供应双方为了各自利益互相封锁消息，进行非对称信息博弈，采购很容易发展成为一种盲目行为；供需关系一般为临时或短期行为，竞争多于合作，容易造成双输后果；信息交流不畅，无法对供应商产品质量、交货期进行跟踪；响应用户需求的能力不足，无法面对快速变化的市场；利益驱动造成暗箱操作，舍好求次、舍贱求贵、舍近求远，产生腐败温床；设计部门、生产部门与采购部门联系脱节，造成库存积压，占用大量流动资金。

3.电子商务采购模式的优势

（1）有利于扩大供应商范围，提高采购效率，降低采购成本，产生规模效益。由于电子商务面对的是全球市场，可以突破传统采购模式的局限，从货比三家到货比多家，在比质比价的基础上找到满意的供应商，大幅度地降低采购成本。由于不需要出差，可以大大降低采购费用，通过网站信息的共享，可以节省纸张，实现无纸化办公，大大提高采购效率。

（2）有利于提高采购的透明度，实现采购过程的公开、公平、公正，杜绝采购过程中的腐败。由于电子商务是一种不谋面的交易，通过将采购信息在网站公开，采购流程公开，避免交易双方有关人员的私下接触，由计算机根据设定标准自动完成供应商的选择工作，有利于实现实时监控，避免采购中的黑洞，使采购更透明、更规范。

（3）有利于实现采购业务程序标准化。电子商务采购是在对业务流程进行优化的基础上进行的，必须按软件规定的标准流程进行，可以规范采购行为，规范采购市场，有利于建立一种比较良好的经济环境和社会环境，大大减少采购过程的随意性。

（4）满足企业即时化生产和柔性化制造的需要，缩短采购周期，使生产企业由"为库存而采购"转变为"为订单而采购"。为了满足不断变化的市场需求，企业必须具有针对市场变化的快速反应能力，通过电子商务网站可以快速收集用户订单信息，然后进行生产计划安排，接着根据生产需求进行物资采购或及时补货，即时响应用户需求，降低库存，提高物流速度和库存周转率。

（5）实现采购管理向供应链管理的转变。由于现代企业的竞争不再是单个企业之间的竞争，而是供应链与供应链之间的竞争，因此要求供需双方建立起长期的、互利的、信息共享的合作关系，而电子商务采购模式可以使参与采购的供需双方进入供应链，从以往的"输赢关系"变为"双赢关系"。采购方可以及时将数量、质量、服务、交货期等信息通过商务网站或EDI方式传送给供应方，并根据生产需求及时调整采购计划,使供方严格按要求提供产品与服务,实现准时化采购和生产,降低整个供应链的总成本。

(6)实现本地化采购向全球化采购的转变。由于世界经济的一体化,全球化采购成为企业降低成本的一种必然选择,其基本模式就是应用电子商务进行采购。1999年以来,跨国公司陆续把发展物资采购电子商务工作列入了企业发展战略目标。英美联合石油、埃克森美孚等14家国际石油公司联合组建了一个全球性的电子商务采购平台,以消除在物资采购、供应链管理的低效率的影响。通用、福特、戴姆勒-克莱斯勒三家汽车公司建立了全球最大的汽车专用采购平台,其每年的采购金额高达2 500亿美元。国内石油化工行业的中石油、中石化、中海油,钢铁行业中的宝钢等企业都在实施网上采购,并取得了明显的经济效益。目前,通过电子商务建立全球采购系统,联结国内外两个资源市场,已成为标准化的商业行为。

(7)有利于信息的沟通,促进采购管理定量化、科学化,为决策提供更多、更准确、更及时的信息,使决策依据更充分。

三、酒店实施网络采购的优点

电子商务运用到酒店日常采购中,不仅能够有效地加速商务信息的传播和共享,而且能够改善市场和交易信息的不充分性和不对称性,优化整个市场资源的调节和配置,从而有助于稳定市场秩序,降低行业运营的社会成本,提高行业竞争力。具体来说,酒店实施网络采购具有图6-4所示的优点。

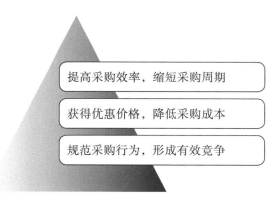

图6-4 酒店实施网络采购的优点

1.提高采购效率,缩短采购周期

网络采购是一种信息化和电子化的采购,通过网络采购首先能够降低采购的沟通成本,传统采购中大量重复性的管理工作可以通过计算机软件系统来完成,供需方相互协商的过程可以显著提速,提高了采购效率,缩短了采购周期。

2. 获得优惠价格，降低采购成本

通过网络采购，酒店对市场资源的配置能力放大，可低成本完成区域采购向全国乃至全球采购的扩张，优选更加价廉物美的供应商。同时，信息的横向流通和共享加快，易于形成团购的采购优势，并随着采购规模的不断增长，增强了采购过程中的谈判能力，最终获得更加优惠的采购价格，从而降低了采购成本。

3. 规范采购行为，形成有效竞争

如采用了网络招标采购技术以后，使采购过程变得透明，显著改善了采购商和供应商之间以及采购职员和公司之间的信息不对称状况，形成了更加有效的竞争，提高了供应商的满意度。

苏宁易购携手铂涛集团，掘金酒店采购电商化

2015年11月，电商巨头苏宁易购与国内酒店业领导品牌铂涛集团签订战略合作协议。根据协议，今后苏宁易购将整合渠道、物流、售后等资源，为铂涛集团提供高效科学的定制化采购解决方案和物流、售后等服务，低调渗透酒店业电商化采购市场。

据悉，铂涛集团旗下拥有近20个品牌，联合锦江拥有超1亿会员，门店总数近5 000家，覆盖全国450多个城市。当前正沿着"多品牌、国际化、轻资产"的转型路线创新发展。铂涛集团不仅要打造一个酒店王国，而且正在积极构建自身的采购和物流体系，以及发展电商平台。

根据本次签订的战略合作框架协议，未来双方将在物流、酒店配套采购等领域开展广泛合作。如设备采购，今后铂涛集团新开门店所需的电视、空调及其他配套设备，将优先选择苏宁为供货商，苏宁承诺给予铂涛正品货源及苏宁价格体系内的最优价格。铂涛年度配套采购规模预计在万套以上。而物流方面，苏宁将负责铂涛酒店采购物资的仓储、干线运输和最后一公里配送业务，根据铂涛业务需要进行全国物流的布局。

此外，苏宁易购还将承担铂涛集团线上线下会员购物专区的商品供货，以及铂涛集团旗下酒店电器设备的售后维保等工作。

业内人士分析，当前国内酒店业每年的采购规模已经突破1万亿元，但尚缺乏面向酒店业的专业电商采购平台，这里面存在着市场空白。近些年来苏宁易购在推动政企采购电商化方面动作频繁，并积累了丰富的经验和资源优势，这次与铂涛集团合作或将是苏宁大举进军酒店电商化采购市场的投石之举，未来双方会进一步推出哪些合作细节，给市场留下了充足的悬念。

第二节 酒店网络采购模式

一、B2B 采购

目前,不仅消费者爱上了电商平台,以企业为代表的采购商也越来越依赖电商平台。专家预言,以采购商为主导的电商时代即将来临,为采购商服务的采购平台将成为 B2B 行业发展的方向。

1.B2B 的概念

B2B,即商家(泛指企业)对商家的电子商务,是指进行电子商务交易的供需双方都是商家(或企业、公司),它们使用了 Internet 的技术或各种商务网络平台,完成商务交易的过程。这些过程包括图 6-5 所示的内容。

图 6-5　B2B 交易包括的过程

2.B2B 采购的概念

B2B 采购是指基于或少部分基于互联网技术的采购方式。它是一种在 Internet 上创建专业供应商网络的基于 Web 的采购方式。

B2B 采购能够使企业通过信息网络寻找合格的供货商和物品,随时了解市场行情和库存情况,编制销售计划,在线采购所需的物品,并对采购订单和采购的物品进行在途管理、台账管理和库存管理,实现采购的自动统计分析。

3.B2B 采购的优点

传统的企业采购模式主要是通过电话、传真订单或者与供应商直接面谈来完成的。在传统采购模式中,企业往往需要委派采购团队多次进行实地考察、检验和分析,造成企业采购效率低、采购成本高等多种问题。

而通过 B2B 平台进行采购,具有图 6-6 所示的优点。

1	能节省人力物力资源，在短时间内获取全面、准确的供应信息，降低企业的采购成本和缩短采购周期
2	电商化采购的便捷性也可以让企业根据供应商的优势和特点进行灵活选择，减少采购物资在仓库的挤压，降低库存风险和减轻资金压力
3	通过B2B平台采购保障了采购的透明性，降低采购风险，保证采购的产品是符合企业发展需要的高质量产品

图6-6　B2B采购的优点

4.B2B采购的模式

目前B2B采购的模式主要有以下三种。

（1）买方模式。买方模式是指采购方在互联网上发布所需采购的产品信息，由供应商在采购方的网站上投标登录，供采购方进行评估，通过进一步的信息沟通和确认，从而完成采购业务的全过程。买方模式也称为买方一对多模式，其模型如图6-7所示。

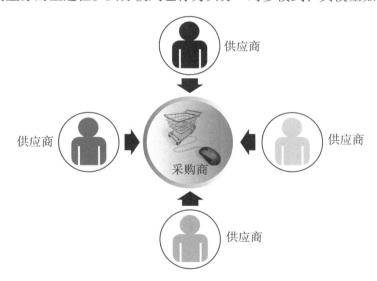

图6-7　买方模式模型

在买方模式中，网站的开发与维护，产品资料的上传和更新维护的工作由采购方来单方面承担，供应商只需登录该平台投标即可，这样虽然加大了采购方的资金投入，但采购方可以更加及时和紧密地控制整个信息流和采购流程，有选择性地进行采购，补充货源。

（2）卖方模式。卖方模式是指供应商在互联网上发布其产品的在线目录，采购方则通过浏览来取得所需的商品信息，然后做出采购决策。卖方模式也称卖方一对多模式，其模型如图6-8所示。

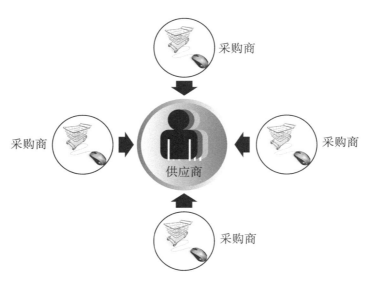

图6-8 卖方模式模型

在这一模式里,买方登录卖方系统通常是免费的,采购方通过浏览供应商建立的网站能够比较容易地获得自己所需采购的产品信息,但由于产品的多样性以及供应商的众多,采购商必须寻找更多的供应商系统进行比较,以便于选择性价比最高的合作伙伴完成采购。这样一来又无形中加大了资金、人员的投入。

(3)第三方平台模式。第三方交易平台,多以门户网站的形式出现,是指供应商和采购方通过第三方设立的专业采购网站进行采购。第三方交易平台是通过一个单一的整合点,多个采购商和供应商能够在网上相遇,并进行各种商业交易的网络平台。其模型如图6-9所示。

图6-9 第三方交易平台模型

在这个模式里，无论是供应商还是采购方都必须注册登录第三方交易平台，并在第三方网站上发布求购或提供产品信息，第三方交易平台负责对这些上传的信息进行整合，然后在网站上及时发布和更新维护，以便于反馈给用户使用，达到促成交易成功的机会，使供应商和采购商从中获益。

> **运营指南**
>
> 目前比较流行的第三方交易平台如阿里巴巴供求平台、慧聪网站、易趣等都是专门为各供应商和采购商提供的专门的网络采购平台。

二、O2O采购模式

O2O采购电商化是未来政企的必然趋势，智慧零售的本质就是数据运营，用数据运营的思维打破采购线上或者线下单边发展的局面，实现线上采购线下服务的完美融合，才是未来政企采购发展的必然趋势。

1.O2O的概念

O2O是Online To Offline的缩写，即互联网线上商务消费与线下实际商务相结合的商业应用模式。聚集有效的购买群体，并在线支付相应的费用，再凭各种形式的凭据，去线下，现实世界的商品或服务供应商那里完成消费。

O2O模式的核心很简单，就是把线上的消费者带到现实的商店中去——在线支付购买线下的商品和服务，再到线下去享受服务。

O2O的构成要素如图6-10所示。

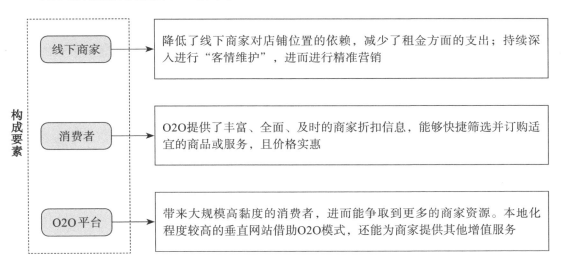

图6-10　O2O的构成要素

2.O2O采购的概念

采购O2O,是指电商平台整合自身的资源优势和渠道优势,实现线上线下融合,帮助企业实现O2O采购,在移动端、PC端实现采购方与供应方的无缝对接,使采购过程更加快捷、灵活、安全,免去人力、物力、财力的不必要浪费。

3.O2O采购的模式

O2O采购分为以下两种模式。

(1)O2O采购重模式。O2O采购重模式的业务链由市场推广、技术研发、仓储、采购部门、物流配送、售后服务这六个模块组成,具体分析如表6-1所示。

表6-1　O2O采购重模式的业务链

序号	业务模块	具体分析
1	市场推广	负责客户开发、客户维护
2	技术研发	负责开发业务系统,优化整体业务运转效率
3	仓储	负责分拣、库存管理
4	采购部门	负责采购、品控
5	物流配送	负责物流配送,结算清款
6	售后服务	售后处理等相关问题

自建物流、自加工的重模式平台,仓储、采购、物流等都属于关键业务模块,拥有控制力强、保障服务质量等优势,但也存在运转成本、管理成本过高等问题,且发展速度相对比较缓慢。

> 比如,饭店联盟采取以销定采的方式,提供从原产地到消费终端整个供应链的解决方案。又如,链农的操作模式为集中中小餐饮商家的采购需求,在前一天晚上清算商家下单量,第二天统一到二级市场批量采购,然后再以便宜约20%的原材料价格配送给商家。

(2)O2O采购轻模式。O2O采购轻模式由技术研发、市场推广、招商部门三个模块组成,具体分析如表6-2所示。

表6-2　O2O采购轻模式的业务链

序号	业务模块	具体分析
1	市场推广	负责客户开发系统、客户维护
2	技术研发	负责开发业务系统,优化整体业务运转效率
3	招商部门	负责引入合作供应商

运营成本低、启动快速是轻模式的主要优势。O2O餐饮采购轻模式平台，主要是为供应商和餐饮、酒店企业提供一个信息对接平台。

> 比如，众美联在前期主要是作为一个对接的信息交流平台，在运营初期不会去建仓库和物流系统，物流方面主要还是由供应商自身来提供。

第三节 主要网络采购平台

近两年，互联网发展突飞猛进，我们的生活已深深打上互联网烙印。"互联网+"已经成为一个时代趋势。互联网采购交易平台的出现，彻底改变了传统的采购模式，将传统线下交易搬到了线上。

一、阿里巴巴1688采购批发网

1688（前称"阿里巴巴中国交易市场"）创立于1999年，是中国领先的网上批发平台。1688为在阿里巴巴集团旗下零售市场经营业务的商家，提供了从本地批发商采购产品的渠道。

1. 网站简介

马云于1999年创办了阿里巴巴网站，即1688的前身。1688现为阿里集团的旗舰业务，是中国领先的小企业国内贸易电子商务平台。作为阿里集团旗下子公司，1688在CBBS电子商务体系中代表企业的利益，为全球数千万的买家和供应商提供商机信息和便捷安全的在线交易，也是商人们以商会友、真实互动的社区。

阿里巴巴1688是以批发和采购业务为核心，通过专业化运营，完善客户体验，全面优化企业电子商务的业务模式。

目前阿里巴巴已覆盖原材料、工业品、服装服饰、家居百货、小商品等16个行业大类，提供从原材料采购—生产加工—现货批发等一系列的供应服务。

2. 主要产品

1688目前的核心业务主要分为垂直行业市场及特色服务频道。垂直行业市场主要针对行业特性，为买家提供行业内品质货源及具有行业特色的导购等服务。特色服务频道主要包括伙拼、快订、淘工厂、代理加盟、采购商城等，这些频道着眼于聚合买家需求,深入供应链前端,提高供应链和商品流通效率。

(1)伙拼。伙拼是1688推出的批发型团购频道。目前,伙拼产品的行业覆盖了服装、母婴、食品、美容、百货、家纺、家装、工业品等几乎全部的产品品类,让所有批发商以低成本、高效率进行网络批发。如图6-11所示。

图6-11 伙拼页面截图

(2)淘工厂。淘工厂是链接电商卖家与工厂的加工定制服务。一方面解决电商卖家找工厂难、试单难、翻单难、新款开发难的问题;另一方面将线下工厂产能商品化,通过淘工厂平台推向广大的电商卖家从而帮助工厂获取订单,实现工厂电商化转型,打造贯通整个线上服装供应链的生态体系。如图6-12所示。

图6-12 淘工厂网页截图

(3)企业汇采。企业汇采是一站式企业采购与服务平台,提供多样化采购解决方案,聚焦行政办公采购、包装耗材、企业福利和礼品等四大采购场景,为中小企业通用物料的采购搭建线上采购通道,让企业采购更透明,更优惠,更高效。如图6-13所示。

图6-13 企业汇采网页截图

(4)源头好货。源头好货项目是阿里巴巴联合产业带政府、行业协会在2016年共同推出的重点项目,旨在整合地区产业链路上的各类角色,深入垂直行业,打造贴合真正B类买家需求的电商生态系统。如图6-14所示。

图6-14 源头好货网页截图

(5)大企业采购。1688大企业采购致力于为大企业提供全方位高效采购解决方案。依托1688大市场海量供应商优质资源,结合互联网采购产品,为企业有效解决寻源渠道窄、品类不丰富、采购效率低、降低采购成本难等采购难题。

图6-15 大企业采购网页截图

3.采购方式及流程

在阿里巴巴网站,采购商的采购包括搜索供应信息和供应商信息、货比三家、发送询盘、网上洽谈、订货等流程。对于采购商来说,阿里巴巴上有两种主要的采购方式:找商机(即寻找供应信息)和发信息(即发布采购信息),如图6-16所示。

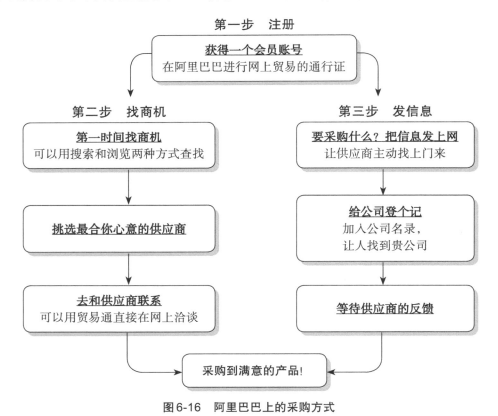

图6-16 阿里巴巴上的采购方式

（1）搜索供应信息。打开阿里巴巴首页（china.alibaba.com），切换选择所需要的信息类型，可以选择：产品、公司、买家、资讯等。然后在搜索栏处输入需要搜索的产品关键字（如毛巾酒店），如图6-17所示。

图6-17　阿里巴巴搜索页面截图

点击搜索栏右侧的搜索按钮，即可以浏览网站上所有包含毛巾酒店关键字的产品供应信息，如图6-18所示。

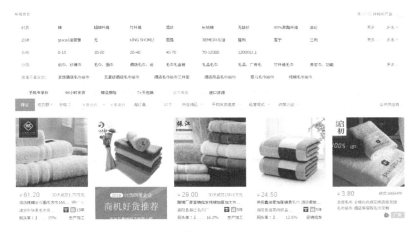

图6-18　搜索结果网页截图

可通过材质、品牌、价格等条件来缩小查找范围。在选定产品或供应商之后，进入产品最终页面，选择需要订购的货品数量，然后将货品逐个加入进货单。如图6-19所示。

图6-19　产品订购页面截图

（2）查看进货单中的货品。通过点击"进货单"里的"查看进货单"，进入"进货单页面"查看进货单中的货品。每次将货品成功加入进货单时，也可以点击"进货单"按钮打开进货单页面。如图6-20所示。

图6-20　进货单页面截图

（3）管理进货单中的货品。在进货单页面，您可一目了然地看到进货单中货品的信息：货品名、价格、当前购买数量等。如图6-21所示。

图6-21　我的进货单页面截图

对进货单中的货品轻松进行以下操作。

① 查看货品信息。点击货品名或货品图片，您可进入货品页面了解货品详细信息。

② 逛逛卖家商铺。点击卖家公司名称可进入商铺，找找还有哪些货品值得一次订购。

③ 更改数量。您可以在输入框中直接输入您要订购的数量，也可以通过输入框左右的"–""+"轻松操作。

④ 删除。当您确定不需订购时您可选择将货品在进货单中删除。

⑤ 订购。如果您确定勾选的货品都是本次需要订购的货品，您可以点击"结算"完成确认订单。

（4）确认订单。确定了要订购的货品后，再填写好收货地址、收货人姓名、收货人联系方式等收货信息，订购留言，填写运费等就完成订购。如图6-22、图6-23所示。

图6-22　收货信息页面截图

图6-23　确认订单页面截图

（5）选择支付方式。提交订单之后，选择付款方式：支付宝支付或是网银支付。如图6-24所示。

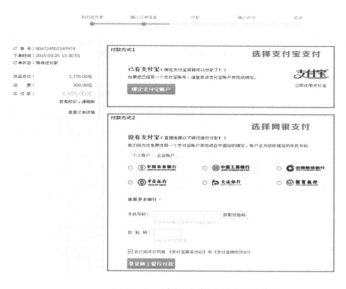

图6-24　选择支付方式页面截图

（6）确认收货及付款。卖家在收到订单后，会根据订单要求及时发货。买方在收到货物确认无误后，点"确认收货"付款给卖家。输入支付宝账户的支付密码，点"同意付款"阿里巴巴平台才会付款给卖家。

二、中国酒店用品网

中国酒店用品网是行业内最专业的酒店用品信息门户平台，包含大量酒店厨房用具、大堂、客房用品，厨具、生产资料、材料设备、零部件等，以及行业内相关资讯，是酒店用品B2B电子商务服务提供商，为酒店用品生产、销售企业提供一站式传统+互联电子商务集成解决方案。如图6-25所示。

图6-25　中国酒店用品网网页截图

1. 网站简介

中国酒店用品网成立于2015年5月，由上海正锋网络技术服务有限公司创立，注册资金150万元，由一批具有专业酒店用品销售、资深广告营销及丰厚互联网从业背景的职业者组成。中国酒店用品网致力于为酒店用品企业提供推广、建站、展示、电子商务等一站式整体解决方案，成为酒店用品企业最贴心的电商顾问。中国酒店用品网以商业搜索服务、酒店采购、展会推广、电子商务整体运营解决方案等为核心业务。

2. 网站宗旨

中国酒店用品网秉承"以普及酒店餐饮文化为目标，为各大酒店提供最全面的食材，共同推进酒店餐饮行业的可持续发展"的宗旨，确立"服务于各大酒店并使之互动参与酒店通的销售平台"的建站理念，是集酒店食品、酒店用品、酒店餐饮、酒店休闲、酒店管理、酒店采购和酒店服务为一体的销售、采购门户网站。

三、慧聪网

慧聪网成立于1992年,是国内B2B电子商务服务提供商。慧聪网注册企业用户已超过2 300万,买家资源达到1 500万,覆盖行业超过50余个,员工3 100名左右。慧聪集团目前包括电子商务公司;电子、汽车、工程机械在内的10余家行业MBO公司;中关村在线、买化塑、兆信股份、中国服装网、慧嘉互动、慧聪家电网、神州数码慧聪小贷公司等控股及合资公司;中模国际、优蚂科技、皮皮易等10余家投资公司。

慧聪网在巩固B2B1.0业务(信息+广告)的同时,全力向B2B2.0(交易+金融)转型。近几年,不断推出慧付宝、采购通、标王、流量宝、商营通等服务,金融超市、小额贷款等金融服务,切实为中小企业降低了交易成本,提高了交易效率,成为未来产业互联网发展的探索者。如图6-26所示。

图6-26 慧聪网网页截图

四、365酒店用品网

香港荣仕国际集团于2014年6月在沈阳投资注册了沈阳鸿凯电子商务有限公司(365酒店用品网——酒店乐商城),于2015年5月上线运营,是沈阳市政府重点招商扶持的项目,并于2015年2月10日获得ICP运营资质。如图6-27所示。

365酒店用品网基于"共享经济思维",携手服务行业的上下游产业链供应商打造一个B2B、B2C、O2O联动的未来商业的服务体系,用无店的店、异业联盟、跨界经营等创新思维和方式推动传统企业与互联网的深度融合。此外还拥有酒店精英汇、中国酒

图6-27　365酒店用品网网页截图

店用品招标网、窗帘定制、365积分商城、工厂清仓货、跨界招聘、酒店采购指南等版块相互串联,实现共赢共分享。后台系统精准记录消费行为足迹,实现精准二次营销。

平台免费助力传统企业实现互联网+。解决商家开源节流问题,降低采购成本,引流拉新留存客户。

五、众美联商城

众美联作为上市公司(2015年6月8日,众美联与纳斯达克上市公司窝窝合并,成功登陆美国纳斯达克,纳斯达克代码:WOWO)唯一主营B2B业务版块,众美联所运作的中国领先的餐饮酒店行业B2B全球采购平台,由中国40余家餐饮一线品牌企业联合发起,聚焦行业核心资源,汇集全国100个城市1 000家领军品牌,辐射58 000家品牌终端门店,以全供应链为切入点,运用信息化手段深耕产业链垂直细分领域;采用平台交易撮合+自营贸易+供应链集成服务三位一体的B2B全产业链供应体系的平台运营发展模式,为企业直降采购成本10%~20%,同时引入供应链金融服务实现企业信用变现,构建行业信用及食品安全源头追溯体系,形成产业端和消费端大数据集成与运用,最终完成产业价值生态圈的构建,推动产业新商业文明的建设与发展。如图6-28所示。

1.平台优势

众美联供应链平台充分汲取了国际主流B2B平台技术,并与中国餐饮酒店业供应链实际需求相结合,打造出了具有国际领先水平的供应链综合服务平台。在顺利实现上下游企业交易的基础上,平台通过建立数据中心对平台交易生成的大数据进行采集和分析,帮助餐饮行业供应链的供需双方实现电商化和信息化,更好地推动行业发展。

图6-28 众美联商城网页截图

2.平台主要提供的采购供应品类划分

包括酒店综合用品、厨房用具、粮油调料、食材、酒水饮料、专业设备、办公用品、家具、信息化系统、基建装潢。

六、美菜网

美菜网于2014年成立,一直致力于通过互联网的方式来改变农业、农村和农民。美菜独有的"F2B模式"是通过自建仓储、物流、配送,创新升级农产品供应链,砍掉中间环节,一端连接田间地头,一端连接城市,通过自营和合作伙伴,实现农产品从地头到餐桌高速的流通,让利两端,为决胜全面建成小康社会贡献力量。如图6-29所示。

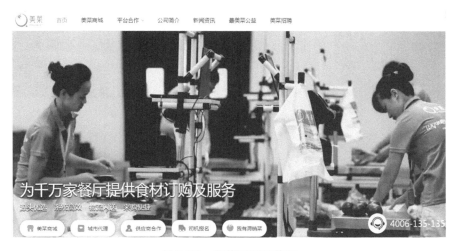

图6-29 美菜网网页截图

美菜网利用大数据系统,准确将市场需求反馈给农民,一方面避免了货不对市,另一方面通过解决销路给予了农民安心的保障。专注为全国近千万家餐厅和蔬菜店铺,提供一站式、全品类、全程无忧的农产品采购服务,让天下的餐厅没有难做的生意。此外,美菜利用自身的渠道优势,要求源头端建立生产标准,保证上行农产品的质量安全,真正实现生产有标准、销路有保障的良性循环。

通过全面布局,美菜网现已覆盖全国近50个城市,估值超过30亿美金。

七、通赢天下

通赢天下网是中国酒店与餐饮行业的O2O餐饮酒店采购电子商务服务平台,是酒店餐饮采购、供应商销售、寻求招商合作最佳的酒店行业服务性电子商务网站。作为中国餐饮饭店行业最大的供应链综合服务平台,借助强大的行业资源和技术优势,整合行业上游品牌供应商及下游餐饮饭店采购商,解决了行业全产业链上下游长久以来存在的信息不对称问题,使信息更加公开化、透明化。如图6-30所示。

图6-30　通赢天下网页截图

1.平台功能

通赢天下网致力于为餐饮酒店采购行业提供多种酒店采购电子商务全方位服务,主要是为餐饮酒店供应商和餐饮酒店采购搭建的电子商务平台,向餐饮酒店用品厂家、商家和酒店采购客户提供从生产、批发到销售及酒店行业咨询培训的电子商务平台以及相关的网络服务,引导整个行业尽快地进入高效、有序的电子商务经营模式,统一行业运作，与国际接轨。网站面向整个行业提供酒店用品销售、采购的交易平台和综合信息平台，并为销售、采购、企业人士提供在线的经验交流和社区服务。

2.服务项目

通赢天下网全面关注餐饮酒店采购、生产制造和渠道市场，具有商务、搜索、资讯、管理、专题、人才、培训、行业杂志等多种功能，为酒店、宾馆、酒楼、会所和供应商之间构建供求信息平台，是中国餐饮与酒店行业首家实现"阳光采购"的全过程电子商务网站。

3.网站特色

（1）专业的供应、采购订单交易平台。不论是供应商销售还是餐饮酒店采购，都可以在通赢天下网上发布产品信息、采购信息，因为这里就是一个专业供应商销售和餐饮酒店采购平台。

（2）公正的真实信用评价体系。通赢天下网上每次成功交易后，交易双方会根据交易的实际情况给对方真实客观的评价，让真正的信用一目了然，做生意更有把握！

（3）智能精确匹配的搜索技术。搜索条件广泛，系统会根据企业多方位定位的搜索条件，快速精确查找到合适的订单、合适的供应商。

（4）优质的供应商资源。专业详尽的供应商信息（包括企业介绍、企业实力展示、样品展示、评价信息等），发单企业无需实地考察供应商，就可准确地了解供应商实力，快速找到合适的供应商。

（5）高质量的采购订单信息。采购订单信息的格式规范统一、质量高，便于餐饮酒店阅读和搜索，让其轻松接到合适满意的订单。

（6）规范的订单交易流程。系统时时记录从报价协商开始，到达成协议、提醒下单、下单、确认接单、出货、收货、付款、确认收款、评价等各个流程的内容，避免产生纠纷。